*Gerhard Reinecke*

**Ordnung und Liebe leben**

# Gerhard Reinecke

# Ordnung und Liebe leben!

## Biblisches Training für Seele und Geist

ISBN 3-8334-3701-4

© Gerhard Reinecke, Schwendi 2005
www.gerhard-reinecke.de

Herstellung und Verlag:
Books on Demand, Norderstedt

# INHALT

»Gerhard Reinecke zeigt uns auf neue und erfrischende Weise, wie die Bibel zu einem Führer durch die Hektik und Herausforderungen unserer Zeit werden kann. In seinen 36 Gedichten, inspiriert durch Texte des Alten und des Neuen Testaments, finden wir die Nahrung für unsere innere Entwicklung und Erkraftung.«

*Bernhard Masur*

## DANKSAGUNG

Im Anfang stand ich mit meinen Gedichten allein da. Doch zur rechten Zeit stellten sich Helfer ein und so konnte dieses Buch entstehen.

Dieter Schullerus hat korrekturgelesen und sich ausgiebig mit den Texten befasst. Eva-Maria Amthors einfühlsame Gespräche haben mir über einige Hürden geholfen und Bernhard Masur hat fachkundig die Texte gestaltet und den Druck vorbereitet. Den Hintergrund der Titelseite hat Bernd-Michael Manns kreiert, ebenso hat er die Webseite zum Buch (gerhard-reinecke.de) gestaltet.

Wo Stärke sich in Liebe wandelt,

Der Mensch nach Gottes Vorbild handelt.

# EINLEITUNG

Dieses Buch basiert auf der Lutherübersetzung in der Fassung von 1964. Neuere Übersetzungen, z.B. die Einheitsübersetzung, weichen in der Wortwahl bisweilen von der Lutherübersetzung ab.

Es besteht heutzutage kein besonderes Interesse am Bibellesen. Freunde haben mir abgeraten, das Wort „Bibel" im Untertitel zu erwähnen, weil sie damit nichts anfangen können. Da der Titel doch den Inhalt kurz gefasst wiedergeben soll, habe ich ihn dennoch beibehalten. Überwinden Sie einfach mal eine eventuell vorhandene Abneigung gegen die Bibel und schauen Sie trotzdem in das vorliegende Buch. Lassen Sie sich überraschen, was da alles zum Vorschein kommt. Ich weiß, dass Sie es mit Gewinn lesen werden. Setzen Sie dann auch noch etwas davon in Ihrem Leben um, so werden Sie einen großen Gewinn davon haben. Ich selbst lese sehr gern darin und es tut mir jedes Mal gut. Steigen Sie also einfach in die Lektüre ein und stellen Sie fest: Die Bibel ist ein absolut lebensfreundliches Buch. Ihr Studium kann uns vor manchem Schaden bewahren und uns vielerlei Nutzen bringen. Können Sie das von allem behaupten, was Sie sonst noch lesen?

Dazu ein Aphorismus von Christian Morgenstern „Es gehört mit zum Seltsamsten, was es gibt: Das pure, lautere Gold liegt vor uns, um uns. Aber wir leben mit Blei, Kupfer, Zinn; von Minderem zu schweigen. Wir haben die Wahrheit wie die Sonne über uns und folgen Schatten und Gespenstern."

Sportlich eingestellte Leser können ein einzelnes Gedicht als eine Trainingseinheit betrachten, um damit Seele und Geist fit zu machen. Verweilen Sie eine Zeit bei nur einem Gedicht. Wenden Sie es im Alltag an. Bis Sie merken:

„Ich habe auf dem Gebiet einen spürbaren Fortschritt gemacht, der auch von meiner Umgebung wahrgenommen wird." Dann suchen Sie sich eine andere Trainingseinheit aus, ein paar Zeilen, die Sie besonders ansprechen. Hier erweist sich die Versform als hilfreich für das Gedächtnis. Ein Vers mit Reim kann man leicht mit in den Tag nehmen, ohne ihn gleich wieder zu vergessen. Einfach ausprobieren und dranbleiben. Und dann, nach einiger Zeit, wieder auf eine bereits bearbeitete Trainingseinheit zurückkommen. Im Idealfall so oft, bis Sie es in der jeweiligen Trainingseinheit zur Meisterschaft gebracht haben.

Nun mache ich Sie noch auf die Anmerkungen zu den Gedichten am Schluss dieses Buches aufmerksam. Hier finden Sie Angaben zu den Bibelstellen und sonstige Literaturverweise, etwas zum Hintergrund der Gedichte und zu Ihrem besseren Verständnis. Es ist sicher ein Hauptanliegen dieses Buches, das Verständnis für biblische Aussagen zu erwecken und zu vertiefen. Damit kann die Bibel von einem eventuell etwas befremdlichem Buch zu einem vertrauten Buch werden.

# BARMHERZIGKEIT

Ich verschwende mein Geld doch nicht an die Schwachen,
Die sollen selber schauen, wie sie kommen an ihnen nötige Sachen.
Der Hartherzige so oder ähnlich denkt,
Um irgendwo Not zu lindern, er sich nicht verrenkt.

So kann Gottes Liebe nicht wirken durch ihn,
Dies Leben wäre ihm umsonst verlieh`n.
Damit er dies nicht erkennt zu spät,
Spiele ich für ihn den Barmherzigkeitspoet.

Eine Grundlage unseres Glaubens die Zehn Gebote sind,
Gleich das Erste mit einer Verheißung der Barmherzigkeit beginnt.
Für den, der Gott liebt und seine Gebote hält,
Man meint, dem müsste doch nacheifern die ganze Welt.

Leider ist es nicht so gekommen,
Mit Ausnahme von einigen wenigen Frommen.
Doch auch für die weltlich gesinnten Gottes Angebot gilt:
Kehrt ihr euch reuig zu mir, will ich barmherzig sein mild.

Auch ist es schon vorgekommen,
Ein Prophet hat Gott seine Nachsicht übel genommen.
Wegen der Buße blieb in Ninive das Gericht Gottes aus,
Dem Jona war soviel Barmherzigkeit ein Graus.

Der sicherste Weg, Gottes Barmherzigkeit zu erlangen,
Ist: Selber mit barmherzig sein anzufangen.
Ein Bild hierzu Jesus gab,
In dem Samariter, der die Wunden des Misshandelten lab.

Willst Barmherzigkeit du nun üben,
So sollst du dich dabei nicht betrüben.
Barmherzigkeit üben sei dir eine Lust,
Niemals sollte dabei hochkommen Frust.

Eingangs ich schon von den Geboten sprach,
Lies auch einmal das Neunte und Zehnte nach.
Das Nichtbegehren dessen, was deines Nächsten ist,
Sollte beachten jeder Christ.

Hältst in deinen Gedanken du diese Disziplin,
Wird dir dies den Geist der Barmherzigkeit anziehn.
Dieser wiederum wird alles Gute in dir beleben,
Deine Tugenden werden sich zur Vollkommenheit weben.

Sollte dies Gedicht ein Hartherziger lesen,
So möge seine Seele daran genesen.
Fängt er zu teilen an,
Wird er bald erkennen, was er dadurch gewann.

Den Gutherzigen soll es bestärken allein,
Sich weiterhin der Barmherzigkeit zu weih`n.
Da Gott selbst barmherzig ist,
Wird er Ihm ähnlicher in kurzer Frist.

## BITTE

Jetzt fängt er auch noch zu bitten an,
Damit ist es heute nicht mehr getan.
Ich fordere, was mir steht zu,
Darum lass mich mit dem Bitten in Ruh.

Jetzt sag ich etwas Paradoxes hier:
Das Fordern kostet die Freiheit dir.
Denn gibt er es nicht freiwillig her,
Drohst mit Gericht du ihm und mehr.

So seid ihr beide nicht mehr frei,
Gesetze hängen über euch wie Blei.
Eine Bitte dagegen die Freiheit lässt,
Gar Nichts wird dabei erpresst.

Um was du bittest steht dir frei,
Gut wäre es, deine Erkenntnis wäre dabei.
Der Gebetene, durch nichts bedroht,
Gibt frei, was wirklich dir tut not.

Ich stimme dir zu, noch läuft es nicht so,
Der Rechtstaat müsste sich wandeln zum Liebesstaat froh.
Auf Erden ist man noch nicht soweit,
Doch in den Himmeln ist man dazu bereit.

Darum bitte Jesus, doch denke vorher nach,
Er gibt dir gerne, wo es dir gebrach.
Und hast du empfangen die Gabe die Gute,
So warte mit dem Danke keine Minute.

Fällt selber dir keine Bitte ein,
So kannst du dich dem Vaterunser weih`n.
Hier ist das Wichtigste für den Menschen aufgezählt,
Es wird bereichern deine geistige Welt.

Du sagst, deine Bitte wurde erhört mitnichten?
Zwei Dinge könnten deine Bitte vernichten.
Zum ersten, wenn du an der Erfüllung nicht fest geglaubt,
Denn dies deiner Bitte ihrer Kraft beraubt.

Zum zweiten: Die Erfüllung hätte deiner Seele einen Schaden gebracht,
Die Bitte war von dir wohl zu wenig durchdacht.
Gott ist vor allem am Heil deiner Seele interessiert,
Darum sei deine Bitte an deinen wahren Bedürfnissen orientiert.

# DEMUT

Die Demut hat schon manchen abgeschreckt,
Die ganze Schrift wurde ihm dadurch suspekt.
Da werde ich nur herumgeschoben,
Und andere werden über mich gehoben.

Und so etwas stellt die Schrift als Tugend dar?
Dazu kann ich nicht sagen ja.
So, wie du es mir nun geschildert, hast du recht,
Eine falsch verstandene Demut ist nicht echt.

Der Schlüssel zur Demut liegt in Philipper zwei, drei,
Hole nur schnell deine Bibel herbei.
„In Demut achte Einer den Anderen höher als sich selbst".
Gern will ich erklären, wie du dich dabei verhältst.

Ich verstehe es so:
Meine Seele soll achten den Gottesgeist im Anderen froh.
Da der Gottesgeist höher als die Seele steht,
Wird bei einem solchen Verhalten nichts verdreht.

Auch ist dadurch ausgeschlossen,
Dass du wirst herumgestoßen.
Sein Gottesgeist niemals Willkür übt,
Durch dessen Wesen wirst du nur geliebt.

Eine übertriebene Demut wäre auch nicht gut,
Es könnte nähren im anderen den Übermut.
Es genügt, wenn du seinen Geist im Stillen achtest,
Äußere Demutsgesten besser du verachtest.

Das Gebiet der Demut reicht noch weiter,
Willst du erklimmen seine Stufenleiter?
So wird Demut die enge Pforte sein,
Durch die du gehst zum Leben ein.

Die Pforte ist die Not deines Nächsten,
Wenn du hilfst, sie abzuwenden.
Trage willig deines Lebens Last,
Ohne sie würde dein Reifen verpasst.

Bist stark geworden du im Wort,
So hole als nächstes die Demut an Bord.
Damit entziehst du dich der Schöpfung Zwänge,
Wirst hören bald der Freiheit Gesänge.

Demut ist nicht machbar mit dem Verstand,
Eine Sache des Herzens wird sie genannt.
Vor Verstandesgrößen sie oft schweigt still,
Weil der Verstand schwer begreift des Herzens Spiel.

# DIENEN

Dienen – wieder so ein Wort,
Das heute ziemlich schon verdorrt.
Verdienen ja, und das recht viel,
Ist der meisten Menschen Ziel.

Bedient werden mag man auch noch gern,
Doch selber dienen – das sei fern.
Dabei ist das Universum auf Dienen aufgebaut,
Das habe ich schon dem Naturreich abgeschaut.

Der Hartriegel dem Rotkehlchen seine Beeren schenkt,
Das Rotkehlchen dessen Samen ins Erdreich versenkt.
Der Apfelbaum die Biene mit Nektar beglückt,
Die Biene seine Blüten mit Pollen bestückt.

Im Naturreich ist nichts vom Dienen ausgenommen,
Eins hilft dem anderen beim weiterkommen.
In einem lebenden Körper ist es so,
Ein jedes Organ dient dem Ganzen auf hohem Niveau.

Eine menschliche Gemeinschaft auch ein Körper ist,
Der Einzelne sollte schauen, dass er das Ganze nicht vergisst.
Nur Steuern zu zahlen wird zuwenig sein,
Eine freiwillige Leistung beizutragen wäre fein.

Auch gibt es Dienste, die wir nicht können vergelten,
Wie sollten wir der Sonne ihr Licht entgelten?
Dazu gehören die Dienste der Engel für unsere Seele,
Damit wir dereinst vor Gott stehen ohne Fehle.

Eine Vorübung unser dienen auf Erden nur ist,
Das eigentliche Dienen beginnt im Reiche Jesu Christ.
So wie unter den Organen das Herz als einziges nie ruht,
So ist Jesus das Herz aller Welten voller Tätigkeitsglut.

Willst nach dem Tod du bei Jesus sein,
So stell dich auf liebevolles Dienen ein.
Klug ist, wer auf Erden damit beginnt,
So ist er für Sein Reich schon recht gesinnt.

Durch dienen nur wirst du selig werden,
Dies gilt im Himmel wie auf Erden.
Hast du gedient in allen Reichen,
Wirst du bald Seinen Engeln gleichen!

# ERNST

Ich will Spaß und mich zerstreuen,
Mich auch vor einem Flirt nicht scheuen.
Der Ernst ist mir dabei nicht willkommen,
Er soll, wenn ich alt bin, wiederkommen.

Als alter Mensch ist es zu spät,
Wenn du bis dahin verkehrt gelebt.
Der Ernst wird dann für dich sehr unangenehm sein,
Wird bedeuten für dich irgendeine Art von Pein.

Du meinst, dann soll er ganz wegbleiben?
Ich sehe schon, ich muss ihn näher dir beschreiben.
Der Ernst für deine Seele unverzichtbar ist,
Du siehst es ein, als Realist.

Der Ernst deine Seele wohl bewacht,
Vor Schaden, den dein Leichtsinn ihr gebracht.
Hast du etwas Schlimmes vor,
Kann es sein, der Ernst kommt dir mit einem Unfall zuvor.

Dem Ernst deine Seele stets wichtiger ist,
Denn dein Körper lebt nur eine bestimmte Frist.
Liebäugelst du mit Sünden aller Art,
Ist es möglich, dass er dir in die Parade fahrt.

In einem solchem Fall sei dankbar ihm,
Bilde lieber hinfort mit ihm ein Team.
Es kann dir eine zeitliche Lustbarkeit entgehen,
Doch dafür bleibt deine Seele als ganz bestehen.

Falls du den Ernst verspottest nur,
Überlässt er dich deiner eigenen Natur.
Treibst du es dann weiter und stets schlimmer,
Kannst irgendwann selbst du heilen deine Seele nimmer.

Darum heiß den Engel des Ernstes willkommen,
Sein Wirken wird deiner Seele nur frommen.
Nach deinem Tod erst siehst du ein:
Er hat mich bewahrt für die Freude rein.

Dies war eine Seite des Ernstes erst,
Die zweite Seite du nun erfährst.
Ich gehe davon aus, du hast alles Üble hinter dir gelassen,
Und wirst dich mehr mit aufbauenden Dingen befassen.

Auch hier der Ernst dir sehr nützt,
Dein Vorhaben mit Beständigkeit er stützt.
Er lässt nicht nach, bis dein Werk vollendet ist,
Denn darin ist er Spezialist.

# FREIHEIT

Die Zehn Gebote wurden unter „du sollst" gegeben,
Kein „Muss" sollte die Freiheit der Menschen aufheben.
Eine Handlung, die unter dem Zwang des „du musst" getan,
Bringt die Seele nicht weiter in ihrer Lebensbahn.


Aus Sicht von uns Menschen ist Gott am höchsten zu achten,
Aus Gottes Sicht ist der freie Wille des Menschen
   unbedingt zu beachten.
Dies erklärt auch, warum auf der Erde soviel Übles geschieht:
Der Mensch will es selbst so, es ist sein eigenes Lied.


Ja, könnte der Herrgott den bösen Willen Einzelner nicht schränken ein?
Warum müssen Viele, wegen einiger böswilliger, leiden Pein?
Manch einer ist, wegen solcher Fragen, um allen Glauben gekommen,
Darum will ich versuchen, ob meine Antwort ihm wird frommen.


Wird Gott ihm seinen bösen Willen nehmen,
Wäre damit auch Schluss mit seiner Seele leben.
An einer möglichen Besserung wäre nicht mehr zu denken,
Doch Gott will auch sein Leben zum Guten lenken.


Dies geschieht, indem er den Bösen die Folgen seiner Taten
   lässt fühlen,
In der Regel hilft dies, den bösen Mut zu kühlen.
So kann er noch für eine gute Lehre offen werden,
Und sich noch gänzlich bessern hier auf Erden.

Seine Freiheit wurde dabei keinen Augenblick angetastet.
Seinen Lebensweg hat er zwar mit Sünden belastet,
Doch dafür kann Gott ihm Vergebung bringen,
Die Vollendung seiner Seele kann noch gelingen.


Für die Ewigkeit wäre dies ein unschätzbarer Gewinn,
Darum sollen wir mit Geduld manches Üble nehmen hin.
Ohne Freiheit kann kein Gotteskind erstehen,
Es könnte sonst neben der höchsten Freiheit Gottes nicht bestehen.


Unter einem „Muss" bleiben tot die Seelen,
Es sei denn, sie werden sich das „Muss" selbst befehlen.
In dem Fall werden die guten Folgen ihr Eigen sein,
Und die Gebote bringen ihre Befolger ins Leben hinein.


Ich denke, so ist Jesu Lehre zu verstehen,
Darum lässt Er so manches den Menschen durchgehen.
Doch können wir nicht ewig unvollkommen bleiben,
Aus eigenem Antrieb sollten wir uns dem Guten verschreiben.


Kindern hingegen wird ein Muss nicht schaden,
Sonst ginge ja auch die Schulpflicht baden.
In dem Maße, wie die Kinder reifen,
Kann nach und nach die Freiwilligkeit greifen.


Von Gott aus wurde uns die gute Lehre gegeben,
Durch Mose und auch durch Jesu Leben.
Zur Freiheit hat uns Christus befreit,
Laut Paulus wäre ein „Muss" ein Rückfall in die Gesetzlichkeit.

Würde nicht auch in staatlichen Dingen,
Mehr Freiwilligkeit statt Zwang, größeren Fortschritt bringen?
Unsere (Steuer-)Zwangsgesetze fordern viele zum Schummeln heraus,
Bei freiwilliger Sorge für das Gemeinwohl wäre es damit aus.


Natürlich setzt so etwas viel Einsicht bei den Bürgern voraus,
Doch mit der Freiwilligkeit käme auch viel mehr Leben
   in das gemeinsame Haus.
Freiheit und Leben sind wahrlich eng miteinander verbunden,
Und nicht ohne Risiko, das bestätige ich unumwunden.


Doch die Chancen auf Weiterentwicklung sind groß zu nennen,
Werden wir uns zu mehr Freiheit bekennen.
Mehr Zwang hingegen auch mehr Stillstand einläutet,
Was ein größeres Risiko als bei der mehr Freiheit bedeutet.


Zum Schluss ist auch noch unsere Vorbereitung für das Jenseits
   zu nennen,
Zumindest für die, die sich zu einem Weiterleben
   nach dem Tode bekennen.
Haben wir hier schon freiwillig
   das Gute getan,
Bricht uns diese Handlungsweise auch im Reich
   der absoluten Freiheit die Bahn.

# FREUDE UND GELD

**W**er die Seele versenkt in das Geld hinein,
Löst sich vom Geist, der ihn belebt allein.
Manch irdischen Genuss kann sein Geld ihm verschaffen,
Auch kann er es benutzen, noch mehr davon zu raffen.

Richtig gefährlich wird es für ihn,
Wird ihn das Geld zum Geiz erziehen.
Ein Geiziger ein großes Übel ist,
Weil vielen fehlt, was er sich allein zumisst.

So kann die Freude sein Freund nicht werden,
Weil andere wegen ihm leiden Beschwerden.
Du fragst: Was soll ich denn tun mit meinem Geld?
Es gehört doch dazu in dieser Welt.

Willst also richtig fröhlich du sein,
So gib wieder aus, was du nimmst ein.
Doch am allerbesten bist du daran,
Wirst du es als Gottes Besitz bejah`n

Sei einfach Sein Verwalter nur,
So kommst du auf der Freude Spur.
Sorgst du auch für der Armen Brot,
Wirst selbst du leiden niemals Not.

## FREUDE UND SINNLICHKEIT

Wer die Seele versenkt in sein Fleisch hinein,
Löst sich vom Geist, der ihn belebt allein.
Gut mag es gehen eine längere Zeit,
Doch wehe, ein Schicksalsschlag ihn ereilt.

Die Kraft vergeudet, vom Geist getrennt,
Vor Schwäche erschlafft, die Angst entbrennt.
So geht es nicht weiter, die Not wird zu groß,
Ein Schrei um Hilfe wird zum rettenden Floss.

Ihr Geist sich ihr naht, bietet seine Hand zum Halt,
Das Fleisch lockt auch mit sinnlicher Gewalt.
Der Wille erwacht, wendet zum Geist seine Seele,
Das sie hinfort das Gute sich befehle.

Der Kampf beginnt, der Geist obsiegt,
Die Kraft erstarkt, die Schwäche flieht.
Angst? Das liegt schon lang zurück,
Die Seele findet wahres Glück.

Geläutert übt sie die Liebe rein,
Da stellt sich auch bald die Freude ein.
Im Himmel auch da freut man sich,
Über den Sieger königlich.

# FREUNDLICHKEIT

Unfreundlichkeiten hat jeder zur Genüge schon verkostet,
Und fand oft das Verhalten anderer gar nicht nett.
Mürrisch, abweisend, scharf im Ton,
Hochmütig und überheblich, wem ist das nicht begegnet schon.

Zahle es mit gleicher Münze nicht zurück,
Versuch erst mal mit Freundlichkeit dein Glück.
Worin zeichnet Freundlichkeit sich aus?
Bist du in ihr wirklich ganz zuhaus?

Sanft ist die Rede des Freundlichen,
Sein Wesenszug ist ausgeglichen.
Immer heiter und bescheiden,
Mag ihn jeder gerne leiden.

Den Zaghaften er ermutigt gern,
Verlässlich ist er auch im Kern.
Herzlich und warm,
Nimmt jeder gern ihn in den Arm.

Gewinnt er sich ein Kinderherz,
Erfreut ihn mancher Kinderscherz.
Seine Freundlichkeit gilt jedem gleich,
Ob einer arm ist oder reich.

Ob jemand schön oder hässlich ist,
Seine Freundlichkeit er gleich bemisst.
In der Bibel steht es klar,
Freundlich ist das Wesen Gottes gar.

Sei freundlich zur Blume, zur Katze und zum Huhn,
Natürlich auch zu den Menschen, mit denen du hast zu tun.
Dies ist ein Weg, Ihm ähnlicher zu werden,
Du trägst dazu bei, dass es heller wird auf Erden.

Wen bedrückte der Finsternis Pein,
Sich fühlte in Not und Elend allein,
Wie wird ihn erfreuen des Freundlichen Licht,
Es wird ihm geben neue Zuversicht.

Die Macht des Freundlichen ist groß,
Sie kann Verirrte leiten zurück in der Liebe Schoß.
So hilft die Freundlichkeit zum himmlischen Morgenrot,
Ihr folgen viele lieber als einem strengen Gebot.

# FRIEDE

Hochmut weht von Eiseshöhen,
Will sich nicht geliebt, sondern gefürchtet sehen.
Solang er trifft auf Demut nur,
Kommt Gleiches zu ihm noch nicht retour.

Doch treibt mit der Zeit er es gar zu toll,
Erwachsen ihm Feinde verhängnisvoll.
Trifft auf anderen Hochmut er gar,
Sprühen bald die Funken Kriegsgefahr.

Halt: Von Frieden soll künden dies Gedicht,
Dies wird nur gehen, wenn der Hochmut zerbricht.
Sieht jeder jeden als gleichwertig an,
Ist gebrochen der böse Bann.

Doch halten wird der Friede nur,
Bleibt man auf der Wahrheit Spur.
Ein Sprengsatz für den Frieden ist
Jeder Lug und böse List.

Hör zu genau was der Andere spricht,
Es zu achten sei deine Pflicht.
Ihr braucht nicht einer Meinung zu sein,
Doch im guten Willen kommt überein.

Eine große Verheißung dem Friedfertigen gilt,
Vom Berge gegeben wurde uns dies Bild.
Ein Gotteskind soll der Friedfertige heißen,
Dies hohe Ziel zu erreichen, gilt es, sich zu befleißen.


Lebe in Frieden auch mit deiner Seele,
Höre nicht nur auf materielle Befehle.
Gönne Muße deiner Seele hin und wieder,
So kommt Sein Friede auf dich hernieder.

## GEDULD

Ich will alles und das sofort,
Lautet ein modernes Wort.
Doch leg eine Kartoffel in die Erde hinein,
Und befiehl ihr: Sofort sollst du zehne sein.

Ich denke, dieses Beispiel zeigt klar,
Zur Geduld die Natur uns erzieht fürwahr.
Kannst du nicht warten einhundert Tage,
Bekommst keine Kartoffeln du auf die Waage.

Bist du überzeugt von deinem Tun,
So sei gegen Zweifel du immun.
Bleib dran gleich wie ein Apfelbaum,
So wirst zur rechten Zeit du die Früchte schauen.

Doch wird während deines Tuns ein Irrtum dir klar,
Heißt man ein Weitermachen Starrsinn gar.
Geduld fordert stets einen wachen Geist,
Du solltest schon wissen, wohin du reist.

Geduld auch von Trägheit ist weit entfernt,
Ich hoffe, dies hast du schon gelernt.
Geduld ist auf das engste mit Arbeit verbunden,
Das Ziel ist erreicht, hast alle Hürden du überwunden.

Ein Zorniger den Zank gebiert,
In Salomons Sprüchen wird uns dies serviert.
Ein Geduldiger schlichtet den Streit,
Durch besonnene Festigkeit.

Jakobus schreibt es, in seinem Brief,
Bewährter Glaube die Geduld hervorrief.
Wird die Geduld dann recht geübt,
Führt zur Vollkommenheit sie, ungetrübt.

Dies lass dir auf der Zunge zergehen,
Denn vollkommenes wird ewig bestehen.
So ist die Geduld doch ein großer Schatz,
Soll haben in unserem Herzen einen festen Platz.

Die Geduld gilt auch als Mutter der Barmherzigkeit,
Sie bringt ins Gleichgewicht, was sich liegt im Streit.
So ist Geduld mit beharrlichem Eifer und Zeit verbunden,
Doch dafür werden beständige Ergebnisse gefunden.

Stell die Geduld doch einmal auf die Probe,
Indem du inmitten von schlimmem Getobe,
Festhältst an liebevollem und ausgleichendem Tun und Denken,
Ob nicht die Kontrahenten auf deine friedvolle Linie einschwenken!

Hat Gott darum die Welt erschaffen,
Um in der Geduld nicht zu erschlaffen?
Probleme bietet sie Ihm genug fürwahr,
Denk ich nur an unsere Erde gar.

# GERECHTIGKEIT

Es war eine Willkürherrschaft voll Ungerechtigkeit im Land,
Sie machten ihren bösen Willen als Gesetz auch noch bekannt.
Die Vollstrecker der Willkür sie belohnte,
Während der Gerechte das Gefängnis bewohnte.

Es geschahen Gräuel ohne Ende,
Beschönt wurde alles mit lügenhafter Legende.
Die Grundfesten der Ordnung haben gewankt,
Frieden und Sicherheit abgedankt.

Dies alles spielte nicht in einer anderen Welt,
Wie uns die eigene Geschichte erzählt.
Der Wert der Gerechtigkeit ist hiermit wohl begründet,
Ich hoffe, diese Erkenntnis hat dauerhaft gezündet.

„Gerechtigkeit erhöht ein Volk",
Auf diesen Wegen sollten wir streben nach Erfolg!
Hätten die Menschen mehr darüber nachgedacht,
Wäre manche Schandtat nicht vollbracht.

„Du sollst nicht beugen des Fremden Recht",
So gab Gott seinen Willen bekannt durch Moses, seinen Knecht.
Nicht Unschuldige sollten in unseren Gefängnissen schmoren,
Nur wirkliche Übeltäter haben dort etwas verloren.

Laut Jesaja wird Frieden und Sicherheit so erlangt:
Wenn man bei allem, was vorkommt, in der Gerechtigkeit nicht wankt.
Ich denke, dem Wort Gottes sollte man hierin vertrauen,
Und nicht allein auf immer schärfere Gesetze bauen.

Die Gerechtigkeit auf Gottes Gebote gründet,
Wie uns dies wiederum Jesaja verkündet.
„O hättest du dir gemerkt meine Gebote schon,
Dein Friede würde sein wie ein Wasserstrom.

Deine Gerechtigkeit würde sein wie Meereswellen",
Ich ergänze: Und die Gefahren für deine Sicherheit würden
   daran zerschellen.
Dem gerechten Volk spricht Jesaja auch Kindersegen zu,
Da wir auch daran Mangel haben, sollten wir einmal darüber
   nachdenken in Ruh.

„Der Gerechte erbarmt sich seines Viehs".
In Salomos Sprüchen dies nachlies.
Ob dies auch jedem Tierhalter bekannt?
Dann dürfte es nur noch artgerechte Tierhaltung geben im Land.

Wie wären die Käfigkennen froh,
Ihre Besitzer ließen sie wieder scharren in natürlichem Stroh.
An deinem Verhalten gegenüber den Schwachem,
Könnte Gott ja auch sein Verhalten dir gegenüber festmachen.

Soll für dich aufgehen die Sonne der Gerechtigkeit?
So fürchte den Namen Gottes allezeit.
Der Prophet Maleachi uns dies verheißt,
Ich denke, diese Prophezeiung auf Jesu weist.

Damit wollen wir beschließen den alten Bund,
Auch der Neue gibt manches zur Gerechtigkeit kund.
Johannes wollte Jesus nicht sogleich taufen,
Doch Jesus bestand darauf: Wegen der Gerechtigkeit
   muss es so verlaufen.

Selig sind, die da hungert und dürstet nach Gerechtigkeit,
Denn sie sollen satt werden zu ihrer Zeit.
Wer verfolgt wird um der Gerechtigkeit willen,
Dessen Leid wird das Himmelreich selber stillen.

Diese Worte Jesu sollen Mut uns machen,
Furchtlos zu schauen in der Ungerechtigkeit Rachen.
Die Feinde der Gerechtigkeit können nur dem Leib etwas tun,
Die gerecht gebliebene Seele wird dafür in Seiner Hand ruh`n.

Stehe fest auch in bedrängter Zeit,
An den Nächsten liebender Gerechtigkeit!
So kann die Gerechtigkeit Gottes deine Seele durchdringen,
Ihr auf kurzem Wege die Vollendung bringen.

Die Gerechtigkeit werden wir erst dann voll erkennen,
Wenn wir den Heiligen Geist unser eigen nennen.
Vorbereitungen dazu haben wir schon beschrieben,
Doch ist noch etwas Wichtiges übrig geblieben.

Alle Schrift, von Gott eingegeben,
Ist nütze zur Erziehung in der Gerechtigkeit eben.
Der Apostel Paulus hat dies festgestellt,
Und damit empfohlen zu lesen, was den Willen Gottes enthält.

Da alles nach mehr Gerechtigkeit schreit,
Könnten sie ja dieser Empfehlung folgen mit Emsigkeit.
So würde gerechter werden unser Land,
Geleitet immer mehr von göttlicher Hand.

## GLAUBE

„Nichts genaues weiß man nicht",
Dies ist beim Glauben vieler Menschen Sicht.
Manche wieder glauben gar,
Jesus sei zum Wunscherfüllen da.

Wann dies sein kann und wann nicht,
Soll unter Anderem behandeln dies Gedicht.
Etwas ausholen muss ich schon,
Soll ich erklären des Glaubens Mission.

Ich fang beim Kater Bhima an,
Weil auf dem Sofa er liegt, nebenan.
Ich glaube, der Kater auch eine Seele hat,
Von Gott erhalten, in der Tat.

Verlässt sie irgendwann ihr Fell,
Wird sie von Gott getragen ganz reell.
Durch weitere Einpuppungen gewinnt sie an Gewicht,
Bis sie imstande, mitzutragen einer Menschenseele Pflicht.

Bis dahin sorgte Gott allein.
Ab dem Menschen wird dies anders sein.
Zur Seele kommt ein Geist aus Gott dazu,
Mit ihm erwacht der freie Wille im Nu.

Nun wird es für den Herrgott richtig schwer,
Der Mensch will meist nicht so wie Er.
Er kann uns geben nur eine Lehre,
Ihr Nichtbefolgen ergibt die irdische Misere.

Doch in der selbsterzeugten Not,
Erkennt mancher den Sinn des Gottesgebot.
Zum Herrn er sich wieder kehrt,
Von Ihm nun tiefer er wird belehrt.

So glaube ich, dass Gott alles so lenkt und leitet,
Damit die Seele zur Vollkommenheit schreitet.
Deine Bitten an Ihn richte danach aus,
So kommst am schnellsten du zurück ins Vaterhaus.

Das dieser Rückweg dir möglich ist,
Hast du zu verdanken Jesu Christ.
Er siegte durch Liebe über den Tod,
So konnte fließen, in jede Körperzelle des Geistes Od.

Die tödlichen, Ihm vom Hass geschlagenen Wunden,
Ließen göttliche Liebe und Vergebung wieder gesunden.
So nenn ich Jesus den Sieger von Golgatha,
Es war der größte Sieg, der je in allen Welten geschah.

Jesu Sieg führte zur Auferstehung seines Leibes dann,
Damit war gebrochen der Materie Bann.
Der Weg zu Gott ist seitdem frei,
Mit jedem Zwang ist es vorbei.

Hindernisse nur noch in uns sind,
Wenn wir nicht liebevoll gesinnt.
Neben der höchsten Liebe, das ist klar,
Kann nur bestehen was die Liebe gebar.

Glaube stellt eine Geisteskraft dar;
Ist sie durch üben erstarkt, können Wunder werden wahr.
Unter den Aposteln war Petrus der Mann,
Der durch Glauben vieles schon bewirken kann.

## GLAUBE UND WERKE

Laut Jakobus ist ein Glaube ohne Werke tot.
Da in diesem Fall unser geistiges Wachsen ist bedroht,
Will ich untersuchen das Zusammenspiel
Zwischen Glauben und Werke diffizil.

Handle ich nicht nach meinem Glauben rein,
Können dafür mehrere Ursachen sein.
Einmal glaube ich nicht zweifelsfrei,
bin stecken geblieben in Deutelei.

Zum zweiten hindert die Trägheit mich
Nach meinem Glauben zu handeln untadelig.
Als drittes kommt noch die Unentschlossenheit:
Zu entscheiden, wo anfangen, bin ich nicht bereit.

Es kann noch mehrere Hindernisse geben,
Wir wollen erst einmal diese drei beheben.
Wie überwinde ich Zweifel in Glaubensfragen?
Hier bedarf es des Ernstes, um nicht zu verzagen.

Nimm einen Vers aus dem Evangelium
Und setz ihn in deinem Leben um.
Dies ist wie eine gute Saat,
Nach einer rechten Geduld, die Ernte naht.

Mit Trägheit ist nicht nur äußeres Nichtstun gemeint,
Auch deine Gedanke und Worte gehören mit dem
   Willen Gottes geeint.
Dies verlangt wachsein in deinem Geist
Und ist ein Werk, das den Glauben speist.

Menschen, die in der Außenwelt sehr fleißig sind,
Sind manchmal der inneren Tätigkeit gegenüber blind.
Sie reißen mit Gedanken und Worten wieder ein,
Was sie mit dem Fleiß der Hände schufen allein.

Die Trägheit ist also doppelt zu besiegen,
Mit geistigem und körperlichem Eifer wird dein Handeln ganz gediegen.
Nun bleibt als drittes noch die Unentschlossenheit,
Denke einfach: Tun ist besser als Nichtstun heut.

Fange mit einem Werk der Nächstenliebe an,
Alles Große einmal klein begann.
Sind auch Gedanken der Liebe dabei,
Wird der Himmel es segnen mit Gedeih.

Hast du durch dein Tun den Segen des Himmels gespürt,
Wird dadurch die Flamme des Glaubens geschürt.
Der gestärkte Glaube macht dir Mut zu weiteren tun,
Dein geistiges Wachsen wird nicht mehr ruh`n.

# GÜTE

Kritiklust ist ein Zug der Zeit,
Im anderen Schwächen zu sehen sind wir schnell bereit.
Doch hilft es auch weiter, macht es wirklich Sinn?
Oder gibt es etwas Besseres mit mehr Gewinn?

Hier bietet sich die Güte an,
Ein Wort, zurzeit steht es weit hintan.
Die Güte in jedem das Gute sieht,
Dabei die Kritiklust schnell entflieht.

Wenn freundlich ich zum Freundlichem bin,
Ist das schon in der Güte Sinn?
Oh, sie verlangt wesentlich mehr,
Ihre Meisterschaft zu erreichen ist schon schwer.

Stell dir vor, dich trifft ein Angriff voll Gift,
Wie wirst du antworten, nach der Schrift?
Nimm es auf und verwandle es in Balsam in dir,
Und reich es dem Wüterich zurück, als Elixier.

Dies zu können ist ein lohnend Ziel,
Es verlangt der Übung viel.
Du meinst, diese Latte liegt für dich zu hoch?
So lasse dich inspirieren doch.

Mag auch dein Gegenüber Übles nur von sich zeigen,
So tu darüber einfach schweigen.
Halte fest an der alten Sitte:
Ein Geist aus Gott wohnt in seiner Seele Mitte.

Diesen Geist zum Freund dir mach,
Dies ist der erste Schritt in der Güte Fach.
Handle im Einklang mit seinem wahren Geist,
Auch Nächstenliebe man dieses heißt.

So entwickelst du Güte in dir,
Sie wird werden deiner Seele Zier.
Den Panzer des Egos die Güte durchbricht,
Sich dann vereint mit seinem Gotteslicht.

Sein Gotteslicht, von dir geachtet,
Das Üble bald in ihm entmachtet.
So wirst erstaunt du sein,
Leuchtet dir von ihm der Freundschaft Schein.

# HANNA

Peninna und Hanna,
Beide waren die Frauen des Elkana.
Die Peninna ihm Kinder gebar,
Während Hannas Leib verschlossen war.

Peninna kränkte deshalb die Hanna sehr,
Hanna weinte und aß nichts mehr.
Elkana wollte sie trösten zart,
Hanna aber zum Tempel trat.

Dort betete sie und weinte sehr,
Und machte dem Herrn kund ihr Begehr.
Einen Sohn sie sich von Gott erbat,
Für die Erfüllung ihrer Bitte ein Gelübde sie tat.

Wirst einen Sohn du geben mir,
So will ich ihn weih`n mein Gott allein dir.
Sie betete lang und sie betete viel,
Doch ohne Laut, man sah nur ihrer Lippen Spiel.

Eli aber, der Priester zu Silo war,
Dachte, die Frau ist betrunken gar.
Hanna erklärte ihm ihr Leid,
Und Eli sprach: Der Herr wird es dir geben, zur rechten Zeit.

Es kam so, wie der Eli sprach,
Ein Sohn wurde geboren unter ihrem Dach.
Sie hielt nun ihr Gelübde ein,
Als das Kind entwöhnt war, sprach sie: Es soll Gottes sein.

Mit Opfergaben sie das Kind zu Eli brachte,
Damit er die Erziehung zu Gott hin überwachte.
Hanna wurde fröhlich und voll Lobgesang,
Und weitere Kinder sie empfang.

Doch was wurde aus dem erstgeborenen Sohn?
Gott selbst fing mit ihm zu sprechen an, in Bälde schon.
Der letzte Richter Israels er ward,
Durch Samuel, der Herr sein Volk bewahrt.

Damals hat man Kinder als Segen und Reichtum gesehen,
Was ist nur in unserer Zeit geschehen,
Wo Kinder als Armutsrisiko gelten,
Und daher erwünscht sind nur noch selten?

Hat denn ein Kind nicht einen größeren Wert
Als Urlaub auf einer Insel und ein neues Gefährt?
Ist es sinnvoll, allein nur dem BIP nachzustreben?
In welcher Zeit stand man näher nun dem Leben?

# HEIDENTUM – CHRISTENTUM

Der Heidenmagier Merlin sah noch den Drachen in allen Dingen,
Doch wir Christen wollen um ein tieferes Verständnis ringen.
Da viele wieder ins Heidentum abgleiten,
Wollen wir dessen Wesen etwas aufbereiten.

Die Heiden zu biblischen Zeiten glaubten auch,
Doch nicht an den alleinigen Gott, nach rechtem Brauch.
Sie beteten von Menschenhänden gemachte Götzen an
Und kamen so an eine echte Seelennahrung nicht heran.

Die weiseren unter ihnen glaubten an die Kräfte der Natur,
Andere erdichteten Götter mit (über)menschlichen Eigenschaften nur.
Allerlei Aberglaube reichte auch noch ins Christentum hinein,
Es bedurfte mancherlei Kämpfe, um den Glauben zu bekommen rein.

Nun, wo jeder in Glaubensdingen sich ungehindert sachkundig
   machen kann,
Rollt ein neues Heidentum von ehemals gewesenen Christen heran:
Ich zahle Steuern und treibe Sport,
Die Bibel? Ein veralteter Hort.

Wären nur die Politiker besser im Land,
Hätten wir schon des Glückes Unterpfand.
Leider taugen die nichts mehr,
Von da kommt alles Übel her.

So glauben sie an schlimme Götter, die sie Politiker nennen,
Dass diese nur ihre Spiegel sind, sie völlig verkennen.
Wieder andere glauben, von den Wissenschaften kommt das Heil,
Leider gibt es Risiken und Erfolge haben weil.

Der Glaube an die Ärzte nimmt zurzeit ab,
Weil weiterhin viele Krankheiten führen ins Grab.
Einige glauben immer noch an militärische Macht,
Dieser Glaube vergrößert nur der Probleme Nacht.

Etliche denken schon über die Materie hinaus,
Doch sie bleiben stecken in der Seele Haus.
Das diese nur wird vom Gottesgeist belebt,
Davon hat ihnen noch nie etwas vorgeschwebt.

Das mag ja alles so sein, denkst du bei dir,
Doch was bringt der Glaube an Jesus mir?
Wenn ich davon kann keine Vorteile haben,
Verzichte ich auf des Glaubens Gaben.

Die Vorteile kann man nicht vollständig in Worten schildern,
Nicht einmal die Bibel kann dir alles bebildern.
Kein Auge hat je gesehen,
Was Gott denen bereitet, die in der Liebe zu Ihm bestehen.

Mit Jenseitssprüchen bleib mir vom Hals,
Darauf falle ich herein niemals.
Was auf der Erde es mir wird bringen,
Davon musst du mich überzeugen,
    wenn dein Werben für Jesus soll gelingen.

Da Jesu Reich ist nicht von dieser Welt,
Für dein Verlangen erst einmal die Grundlage fehlt.
Zuerst bist du dran; gehst du auf Jesu Lehre ein,
Lässt Er dich auch in deinen irdischen Angelegenheiten nicht allein.

Am ersten sollst du nach dem Reich Gottes trachten,
So wird der Herr deine irdischen Bedürfnisse auch beachten.
Dies ist eine Seiner Verheißungen,
Probier es aus bis es dir gelungen.

Als weiteren Vorteil nenn ich hier:
Die Nächstenliebe kommt irgendwann zurück zu dir.
Soweit du sie rein nach Jesu Lehre ausgeübt,
Wirst du die Ernte einfahren ungetrübt.

Hast du in der Nächstenliebe Fuß gefasst,
So liebe auch noch Gott, doch ohne Hast.
Legst du Ihm die Ernte deiner Taten zu Füßen,
Wird dich der Herr als sein Kind begrüßen.

Dadurch hast du Zugang zu allem, was auch Gott gehört,
Du wirst teilhaben an Seinen Seligkeiten ungestört.
Mit einem geringen Einsatz kannst du viel erreichen,
Die Ernte rein weltlichen Tuns wird dagegen erbleichen.

Noch so viele Verse können nicht ersetzen die Tat,
Daher höre zum Schluss meinen Rat:
Mach dich mit Jesu Lehre vertraut,
Handle danach, so hast du auf keinen Sand gebaut.

Jesu Worte bleiben bestehen,
Auch wenn einmal alle Welt wird vergehen.
So ist alles Weltliche zeitbedingt,
Ich wünsch dir, dass dir der Weg in den Geist gelingt.

Dort wird dein Leben ein ewiges sein,
Voll Schöpferkraft und Freude rein.
All deine Wünsche wird Gott selbst dir stillen,
Lebst rein du, nach dem göttlichen Willen.

# HOFFNUNG

Der Finanzminister hofft auf höhere Steuereinnahmen,
Der Student, dass er besteht sein Examen.
Der Trainer hofft auf den Sieg seiner Mannschaft,
Der Gefangene, dass er vorzeitig entlassen wird aus der Haft.

Der Angestellte hofft auf eine Gehaltserhöhung,
Der Beamte auf eine Beförderung.
Der Dieb hofft, sein Diebstahl wird niemals aufgedeckt,
Auf einen perfekten Plan hofft der Architekt.

Der Politiker hofft auf einen Sieg bei der Wahl,
Der Aktienbesitzer hofft auf Kursgewinne allemal.
Weitere Beispiele gäbe es noch viele,
Doch damit kämen wir auch nicht näher dem Ziele.

Woran es all dem genannten Hoffen gebricht:
Es kann erfüllt werden oder auch nicht.
Am häufigsten mit seiner Hoffnung liegt wohl der Finanzminister
    daneben,
Auch von zwei Mannschaften kann es nur einen Sieger geben.

Gibt es eine Hoffnung, die für alle aufgeht?
Wo keinem eine Enttäuschung entsteht?
Da musst du das Ziel deiner Hoffnung schon sorgfältig aussuchen,
Nicht gedankenlos beim ersten besten buchen.

Im alten Bund die Hoffnung Israels auf Jehova ruhte,
Solange sie treu Ihm blieben, kam ihnen dies zugute.
Wendeten sie sich vom Gegenstand ihrer Hoffnung ab,
Ging damit natürlich auch die Hoffnung ins Grab.

Im Römerbrief Paulus von Hoffnung spricht,
Die auf die zukünftige Herrlichkeit gericht.
Der Weg dahin geht über Trübsal, Geduld und Bewährung,
Drei Dinge, die nicht gerade hervorrufen Begeisterung.

Willst deine Hoffnung auf die Herrlichkeit Gottes erfüllt du sehen,
Wird es ohne die drei Stücke schwerlich gehen.
Trübsal wird unvermeidlich entstehen,
Verabschiedest du dich von allem, was bei Gott sich nicht kann
lassen sehen.

Hast du diese Aufgabe mit Erfolg hinter dich gebracht,
Halte fest an der Hoffnung, mit Bedacht.
An Ablenkungen wird es nicht fehlen,
Doch lass dir die Hoffnung nicht mehr stehlen.

Hast du dich durch solche Geduld bewährt,
Erhält die Hoffnung für dich einen großen Wert.
Jetzt lässt sie dich nicht mehr zuschanden werden,
Was immer über dich noch kommen mag, auf Erden.

Es gibt auch keine Enttäuschung mehr,
Wer bis hierher gekommen, wird nicht mehr stehen
in der Verlierer Heer.
Die Hoffnung steht zu dem, der zu ihr stand,
Geschlossen ist das Himmelsband.

# EURE REDE ABER SEI: JA, JA; NEIN, NEIN

**W**ie unsere Rede sollte sein,
Fordert Jesu in der Bergpredigt ein.
Doch warum gleich zweimal Ja und zweimal Nein,
Welch ein Sinn sollte dahinter sein?

An einem Beispiel wollen wir untersuchen,
Welche Kombinationen damit sind zu verbuchen.
Ein Freund kommt und fragt: Könntest du mir mal?
Und du bist dran, zu antworten verbal.

Deine Worte kommen aus Herz und Mund
Und geben dem Freund die Antwort kund.
Nun gibt es der Möglichkeiten vier,
Zu geben eine Antwort hier.

Der Mund sagt Ja, das Herz sagt Nein,
Da manövrierst du dich in einen Energiemangel hinein.
Das Herz hat mit seinem Nein die Kraft vermindert,
Was dich beim Erfüllen des Ja behindert.

Der Mund sagt Nein, das Herz sagt Ja,
Dann ist ebenfalls ein Konflikt schon da.
An einem Energiestau leidest du nun,
Es wäre besser gewesen, nach dem Herzen zu tun.

Liegen Herz und Mund für länger im Streit,
Sind Gefahren für die Gesundheit nicht mehr weit.
Drum sage Ja oder Nein mit Herz und Mund zugleich,
So bleibst du im ausgeglichenen Energiebereich.


Für Mund kannst du auch Verstand einsetzen,
Einigkeit zwischen Herz und Verstand ist durch nichts zu ersetzen.
Ich denke, dies meinte Jesus mit seinem Rat,
Es wird gut sein, ihn zu befolgen *vor* einer Tat.

# KEUSCHHEIT

Keuschheit – welch ein unpopuläres Wort,
Die Achtundsechziger warfen es als veraltet über Bord.
Sie führten die „freie Liebe" ein,
Jede mit jedem, so sollte es sein.

Die „Pille" sie unterstützte darin,
Nichts verantworten, nur Lustgewinn.
War der Apostel Paulus verklemmt total,
Als er den Seinen die Keuschheit empfahl?

Als Frucht des Geistes pries er sie gar,
War er im Kopf denn nicht richtig klar?
Wer hat Recht und wer sich irrt,
Selbst kluge Leute wurden da verwirrt.

Swingerclub und Erotikmassage
Gaukeln vor dir orgastische Ekstase.
Doch Sinnlichkeit die Seele an deinen Körper bindet,
Das Bewusstsein deiner geistigen Möglichkeiten schwindet!

Zur Zeugung von Gotteskindern ward dir diese Kraft gegeben,
Stell dir vor: Du kannst erschaffen neues Leben!
Ansonsten dein Herz auch Verwendung hat,
Für edle Taten es sich daran labet satt.

Du glaubst mir`s nicht und zweifelst daran?
So fang mit reinen Gedanken an.
Deine Gedanken können lenken den Strom des Lebens,
Doch ohne liebevolles Tun wäre es auch vergebens.

Sind edle Gedanken mit deinem Tun vereint,
In deinem Leben nur noch die Sonne scheint.
Die Sonne des Geistes, du verstehst mich schon,
Sie wird auch genährt von der Keuschheit Strom.

Es gibt Welten, o`glaub es mir,
Da ist die Liebe frei von Fleischlustbegier.
Keuschheit ist dort die größte Selbstverständlichkeit,
Darum ist man auch von allem Leid befreit.

Das mag schon sein, denkst du bei dir,
Was mach ich mit der Anziehung des anderen Geschlechtes hier?
So atmet tief, lasst seelische Liebe walten,
Dann könnt ihr euch bald vor Heiterkeit nicht halten!

Verschiedene Wege der Keuschheit hast du nun kennen gelernt,
Von jeder Verklemmtheit weit entfernt.
Ich denke, der Apostel ist gerechtfertigt nun,
Um ihm das Wasser zu reichen, haben die Achtundsechziger
    noch viel zu tun.

Wenn deine Sexualität ganz in Gottes Ordnung ruht,
Wirst du mir zustimmen: Es tut einfach nur gut.
Die Geschlechtskraft für deinen Geist erfrischend ist,
Wenn du sie nicht nur nach außen vergießt.

„Was wäre für das Edle, das Bessere geblieben?"
Dieser Satz wird dem genialen Beethoven zugeschrieben.
Durch seinen Verzicht auf leichtfertigen Umgang mit Frauen,
Können wir uns an erhabensten Symphonien erbauen.

Unter den Philosophen war Franz-Xaver von Baader der Mann,
Dem man sich in Sachen Erotik anvertrauen kann.
„Habe ich dir nicht gesagt: Wie ein Mönch werde ich leben?",
Diese Antwort hat er auf das Verlangen seines jungen Weibes gegeben.

Selbst der Dichter Morgenstern sprach als Aphorist:
„Das Geschlecht zwei Drittel aller möglichen Geistigkeit auffrisst".
Ob sich seither an der Prozentzahl etwas geändert hat?
Beurteile selbst: Wie viel Geist spiegelt sich wieder
   in der Menschen Rat und Tat?

So mag dieses kleine Keuschheitsgedicht,
Werden zu einem bescheidenen Licht,
Im Dämmer der rein biologischen Bewertung des Sex,
Will dazu beitragen, das Thema zu betrachten komplex.

Dies Gedicht ist auf keinem Fall dogmatisch zu verstehen,
Prüfe dein Gewissen, wie weit in diesen Dingen du willst gehen.
Die Freiheit auf alle Fälle muss bleiben gewahrt,
Auch liebende Rücksicht auf Partnerin oder Partner gehört zur
   feinen Lebensart.

# LEBEN UND TOD

Ich lebe doch, was will ich mehr?
Mehr gibt auch ein Gedicht nicht her.
Wahr ist es, ein Gedicht kann dir nicht mehr Leben geben,
Es soll dich aber verleiten, nach intensiverem Leben zu streben.

Ein gewisses Leben hat auch ein Stein,
Sonst könnte er nicht so fest beisammen sein.
Ein Feuerstein sprüht sogar Funken,
Will so mit seinem Leben prunken.

Eine Pflanzenwurzel unseren Stein fest umfasst,
Und löst mit Säure und ohne Hast,
Ein Mineral ums andere aus
Und baut damit ihr Pflanzenhaus.

Eine Pflanze schon mehr Leben hat,
Als jeder Stein und hätte er auch Karat.
Ihre Intelligenz auch wesentlich diffiziler ist,
als die eines Steineslebens trist.

So haben wir eine Erkenntnis schon:
Leben und Intelligenz sind eine Person.
Aus Sicht der Pflanze ist ein Steinleben der Tod,
Doch dem Stein selbst entsteht daraus keine Not.

Die Stufen Pflanze – Tier – Mensch kannst du selbst dir denken,
Das Beispiel Pflanze – Stein soll dich auf folgendes hinlenken:
Ein Sein mit geringeren Möglichkeiten wird als Tod betrachtet,
Ein Aufstieg zu höherem Tun als Lebenszuwachs hoch geachtet.

Mit den bisherigen Erkenntnissen versehen,
Können wir besser den biblischen Begriff „Tod" verstehen.
Zum Beispiel bei Jakobus eins, fünfzehn:
„Mit einer vollendeten Sünde wirst zum Tod du gehen".

Das heißt: Die Sünde bewirkt einen Verlust an Leben und Intelligenz,
Und du wirst dich wieder finden in einer eingeschränkteren Existenz.
Je weiter es so nach unten geht,
Je schwerer die Seele wieder ersteht.

Viele Menschen trieben es mit der Sünde soweit;
Aus eigener Kraft sie nicht mehr erreichen konnten die Seligkeit.
Denen musste Jesus selbst entgegengehen,
Wer diese Gnade ergriff, konnte wieder neu erstehen.

Doch irgendwann solltest du vor Gott erwachsen werden,
Und nicht bei jedem Schritt fallen auf Erden.
Dies wird auch nötig sein um zu erreichen ein höheres Leben,
Das nur dem Überwinder wird gegeben.

Über den Menschen auf dieser Erde trist,
Steht das Leben, das vollendet ist.
Gotteskinder man solche Wesen nennt,
Des Lebens Kraft und Stärke ist ihr Element.

Das schöne für dich ist:
Auch du kannst ein Gotteskind werden in angemessener Frist.
Das unvergängliche Leben ist dann dein,
Dazu der Liebe Fülle und alle Weisheit rein.

Ein Rückfall aus einem solchen Leben nicht mehr möglich ist,
Weil du ganz zu Geist geworden bist.
Somit existiert für dich der Tod nicht mehr,
Nur schöpferisches Leben noch ist um dich her!

## LIEBE

Wer im Abgrund schaut das Grauen,
In den wird auch der Abgrund schauen.
Friedrich Nietzsche sprach es voll Weisheit tief,
Einen neuen Gedanken in mir dies wachrief.


Da schau ich doch lieber was Liebes an,
So wird das Liebe mir zugetan.
Die Liebe bleibt, alles andere geht,
So es schon der Apostel Paulus versteht.


Ich lass den Abgrund Abgrund sein,
Was fiel denn zur Liebe dem Hölderlin ein?
Liebe trümmert Felsen nieder, zaubert Paradiese hin ...
Aus seinem Gedicht spricht edler Sinn.


Wenn außer der Liebe alles vergeht,
Ein Narr, wer da nach Anderem strebt.
Wie schau ich die Liebe, wie find ich ihr Glück?
Der Herr rät: Wende zum Nächsten den Blick.


Wer mag unter Eheleuten der Nächste wohl sein?
Ist es nicht die Gemahlin, der Gemahl allein?
Beginnt nicht die Liebe im kleinen Kreis,
Wie es schon der Dichter Goethe weiß?

Ist gefestigt bald die Liebe im Kleinen,
So lass sie wachsen, ihr Größeres entkeimen.
Doch lass sie nie entfremdet sein,
Von ihrem Ursprung, dem Herzen rein.


Der Weg zum Glück, du wirst es sehen,
Ist nur über die edle Liebe zu gehen.
Beglückende Liebe macht die Brust dir weit,
An dir und anderen sie Wunden heilt.

## LIEBE, CHECKLISTE

Von Liebe wird heutzutage schnell gesprochen,
Leider wird sie oft auch bald wieder gebrochen.
Gibt es einen Maßstab, was Liebe wirklich ist?
Damit ich nicht hereinfalle auf falscher Liebesworte List?

Einen solchen Maßstab gibt es schon,
Seit fast zweitausend Jahren in Briefversion.
Den Korinthern schrieb sie der Apostel Paul,
(Den gleichen, den man vor seiner Bekehrung nannte Saul).

Nach Paulus hat die Liebe einen langen Mut,
Sie geht nicht gleich unter in der Hindernisse Flut.
Auf wahrhaftige Liebe kannst du schon bauen,
Ist sie im Herzen gegründet, auch fest vertrauen.

Freundlichkeit auch zur Liebe gehört,
Durch harte Worte würde sie leicht zerstört.
Darum liebe und sei freundlich, verletze nicht,
Verletzte Liebe verliert an Gewicht.

Umgekehrt dies natürlich auch gilt,
Durch freundliche Aufmerksamkeit die Liebe bald überquillt.
Selbst der Schönheit und dem Liebreiz kommt dies zugute,
Einer so geliebten ist einfach glücklich zumute.

„Die Liebe eifert nicht",
Was meint unser Paulus, wenn er von eifern spricht?
Ich denke, lass Freiraum dem geliebten Wesen,
Durch Vertrauen wird eure Liebe genesen.

Keinen Mutwillen die Liebe treibt,
Am besten man sich dies hinter die Ohren schreibt.
Die Liebe blähet sich nicht auf,
Das heißt: Keine heiße Luft du verkauf.

Nicht ungebärdig stellt die Liebe sich,
Sondern spricht: Das mach ich doch gerne für dich.
Und vereint Mühe und Geschick,
Zu zaubern in des anderen Augen einen Liebesblick.

Auch sucht die Liebe nicht das Ihre,
Damit die Beziehung nicht erfriere.
Am Glück des geliebten Wesens sie sich orientiert,
Auf diese Weise dein Gegenüber auch die Liebe spürt.

Die Liebe lässt sich nicht erbittern,
Wodurch sie würde leicht in Hass hinüberschlittern.
Nun etwas Wichtiges kommt:
Böses zurechnen der Liebe nicht frommt.

Wärme kein vergangenes Fehlverhalten auf,
Dies kann tödlich sein für der Liebe Verlauf.
Am besten rechnest du nur das Gute zu,
So hast du vor Rückfällen in der Liebe Ruh.

„Die Liebe freut sich nicht der Ungerechtigkeit,
Sie freut sich aber der Wahrheit".
Hierzu ist Selbstprüfung angesagt,
Damit die Liebe nicht durch Unrecht und Lüge wird zernagt.

Die weitere Aufzählung des Paulus ins Geistige geht,
Sie man am besten aus Jesu Sicht versteht.
Menschenkräfte sind hier oft zu schwach,
Es sei denn, der Liebegeist in dir ist schon sehr wach.

Göttliche Liebe nur verträgt, glaubt, hofft und duldet,
Was von den Menschen allezeit verschuldet.
So denken wir nicht, wir wären in der Liebe vollkommen schon,
Doch was Liebe bedeutet, davon erhalten wir eine Vision.

„Die Liebe höret nimmer auf",
Nun geht es ins Reingeistige hinauf.
Wenn alles Weltliche ist vergangen,
Wird in unseren Herzen nur noch die Liebe prangen!

Unser Paulus ein Apostel mit Weitblick ist,
Nun hast du eine Latte, an der sich die Liebe misst.
Der Liebe Entwicklung ist in die Breite und nach oben offen,
Dass wir alle in der Liebe zunehmen, wollen wir hoffen.

## LIEBE UND KEUSCHHEIT

Hat der Dichter nicht alle Tassen im Schrank?
Liebe und Keuschheit, ich lach mich gleich krank.
Kennt er denn nicht die Weise der Welt,
Das erst der Sex die Paare zusammenhält?

Der Gang der Welt ist mir nur zu gut bekannt,
Habe mir selbst daran die Finger verbrannt.
Wollt Welt und Körper ihr nur verbleiben,
So tut euch nur weiter dem Sex verschreiben.

Edelste Kräfte ihr dadurch verliert,
Vor allem, wenn ihr diese Übung zu oft probiert.
Für eure Seele und euren Geist,
Die ihnen nötige Nahrung verschleißt.

Mit der Zeit könnt ihr nur noch materielles denken,
Nichts Geistigem mehr glauben schenken.
Die Angst vor dem Tod kehrt bei euch ein,
Weil nur als sterbliche Körper ihr euch fühlt allein.

Durch zuviel Sex nimmt die Liebe ab,
Übertreibt ihr weiter, wird sie der Liebe Grab.
Keuschheit und Liebe schließen sich nicht aus,
Sie nähren das Feuer im gemeinsamen Haus.

Lasst das innere Feuer in Reinheit brennen,
Das Feuer eurer Liebe, so wollen wir es nennen.
Die Kraft, die durch dieses Feuer entsteht,
Eure Liebe durchs ganze Leben trägt.

Die Anziehung zwischen euch wird steigen,
Eure Seelen sich immer mehr zueinander neigen.
Ihr werdet erkennen, dass ihr Geist und Seele seid,
Was euch auch von manchem Leid befreit.

Werdet ihr eure Liebe mit einem Kind dann krönen,
Wird sich die Liebe weiter verschönen.
Bleibt ihr während der Schwangerschaft und Stillzeit rein,
Gibt dies dem Kind einen guten Start ins Erdendasein.

Wissenschaftlich kann ich es euch nicht beweisen,
An den guten Folgen nur wird es sich erweisen.
Kein Landwirt sät immer wieder, obwohl der Weizen schon steht,
So schont auch ihr das wachsende Beet.

Zur Erde wollen jetzt Kinder herab,
Gleich ob Mädchen oder Knab.
Sie wünschen sich Eltern, die sie mit Liebeernst zeugen,
Der Macht solcher Kinder werden sich die Probleme der Zukunft beugen.

Ihr meint, dies hat mit der Bibel nichts mehr zu tun?
So lest bei Paulus: Lasst die Fleischeslust ruh`n.
Wäre Jesus nicht von einer reinen Jungfrau geboren,
Hätte er den Kampf am Kreuze womöglich verloren.

Warum glauben denn so viele die Auferstehung nicht?
Weil es ihnen auch nur im Geringsten an der dazu nötigen Kraft
    gebricht.
Ein durch Fleischeslust geschwächter Körper einem löchrigen
    Eimer gleicht,
Durch den noch soviel Geisteskraft einfach wieder entweicht.

Die Probleme der Menschheit wiegen wirklich schwer,
Mit von Geburt an geschwächten Menschen werden wir ihrer nicht Herr.
So gebt den kommenden Kindern doch die Chance,
Dass sie als Erwachsene die Welt wieder bringen in die Balance.

Wie viel heller könnte es auf Erden sein,
Würden die Menschen sich vom Ehebruch befrein.
Ein Bruch, der durch die Seele geht,
Durch ihn eine Quelle für Schmerz entsteht.

Nicht nur der Eheleute Seelen nehmen Schaden,
Sind Kinder da, haben sie es auch mit auszubaden.
Pflegt eure Liebe, zerstört sie nicht,
Damit die Seele eurer Kinder nicht zerbricht.

Ein Kind liebt Vater und Mutter, beide gleich,
Sind sie in Liebe verbunden, ist dies der Kinder Himmelreich.
„Du sollst nicht Ehebrechen" lautet der väterliche Rat,
Beständiges Glück stellt sich ein, lasst ihr werden dies zur Tat.

# MOSES

Kaum geboren, schon vom Tod bedroht,
Gerettet durch ein Weidenboot.
Des Pharaos Tochter aus dem Nil ihn hob,
Geborgen vorerst, dem Herrn sei Lob.

Als ägyptischer Prinz ward er erzogen,
Weil der Pharao wurde über seine Herkunft belogen.
Doch später wurde diese bekannt,
Vom Pharao wurde er daraufhin verbannt.

Mit Hunger und Durst er durch die Wüste floh,
Erst bei Jethro und seinen Töchtern wurde er wieder froh.
Er heiratete die älteste, die Zippora hieß,
Unser Moses sich nun als Familienvater niederließ.

Doch als am Horeb er weidete die Schafe,
Wurde er herausgerissen aus seinem bürgerlichen Schlafe.
Gott selbst erschien ihm und befahl:
„Befreie mein Volk von seiner Qual".

Auf Moses Ausreden ging Gott nicht ein,
Er musste mit den Ältesten zum Pharao hinein.
„Gib frei mein Volk", so verlangte er,
Der Pharao gab nicht statt sein Begehr.

Wir Ägypter müssten dann ja selbst unsere Ziegel machen,
Beim Volk hätte ich dann nichts mehr zu lachen.
So dachte bei sich der Pharao,
Und erschwerte den Fron der Hebräer durch den Entzug von Stroh.

Nun musste Moses dem Pharao Plagen androh´n,
Selbst damit scheiterte seine Mission.
Erst als Gott ließ sterben jede Erstgeburt in Ägypterland,
Nun endlich das Volk der Hebräer die Freiheit fand.

Es zog hinaus bis ans Rote Meer,
Da kam ihnen nach der Ägypter Heer.
Weil der Pharao inzwischen seinen Entschluss bereut,
Er die Hebräer wieder mit Gefangenschaft bedräut.

Unter den Verfolgten erhob sich Angstgeschrei,
Doch der Herr gebot Moses: „Teile das Meer entzwei".
Das Wunder geschah, trockenen Fußes entkam das Volk durchs Meer,
Der Pharao ließ nachstoßen sein Heer.

Das hatte jedoch nicht das gleiche Glück,
Denn die Fluten kamen schnell zurück.
Der Ägypter Krieger kamen darin um,
Und Moses erhob einen Lobgesang nun.

Weiter ging es hinaus in die Wüste Schur,
Da war das Wasser bitter nur.
Auf des Herrn Geheiß warf Moses ein Stück Holz hinein,
Sofort wurde das Wasser rein.

Es geschah in der Wüste Sin,
Das Volk sehnte sich zu Ägyptens Fleischtöpfen hin.
Da ließ kommen der Herr Wachteln am Abend,
Des Morgens konnten sie Brot auflesen behänd.

Mit Brot, das wie Semmel mit Honig schmeckt,
Wurde dem Volk vierzig Jahre der Tisch gedeckt.
Auch Wasser wurde wunderbar beschafft,
Durch den Stab des Mose meisterhaft.

Auf weiterer Wanderschaft stießen sie auf das Volk Amalek,
Hier galt es zu kämpfen, es gab kein Versteck.
Hob Moses die Hände, so siegte Josua,
Ließ er sie sinken, kamen die Hebräer in Gefahr.

Da stützten Aaron und Hur seine Hände,
Dadurch kam die Siegeswende.
Schwiegervater Jethro auch den Moses besuchte,
Er für ihn Helfer verbuchte.

So wurde Jethro ein Lehrer für Organisation,
Und das vor dreitausend Jahren schon.
Nach zwei Monaten kam das Volk in die Wüste Sinai,
Was hier geschah wird die Menschheit vergessen nie.

Gott verlangte Gehorsam vom Volk,
Dafür würden sie werden ein heilig Priestervolk.
Die Menschen sagten, sie wollten danach tun,
Gegen fremde Götter bleiben immun.

Vierzig Tage verbrachte Moses auf dem Berg Sinai,
Und empfing Anweisungen von Gott, für des Volkes Regie.
Auf steinernen Tafeln gab Er ihm die Gebote dann,
Damit sie die Menschen führten, an das rechte Leben heran.

Diese Gebote, dreitausend Jahre alt,
Gelten auch heute noch ohne Vorbehalt.
Kein weltliches Gesetz je solch Alter erreicht,
Vor göttlicher Weisheit alles Menschliche Verordnen erbleicht.

Während Moses bei Gott selbst auf dem Berge war,
Was alles beim Volk in der Tiefe geschah?
Der Moses blieb ihnen zu lange aus,
Vom Aaron verlangten sie einen Gott, welch ein Graus!

Und Aaron ging noch darauf ein,
Fertigte aus ihrem Gold einen Kalbesschrein.
Die Menschen ließen ihrer Lust freien Lauf,
Und halsten sich vor Gott schändliche Sünden auf.

Der Herr sie darum schon vertilgen wollte,
Doch Moses seine Argumente dazwischen rollte.
Er erinnerte Gott an seinen Bund mit Abraham,
Auf dass Er sich möchte noch einmal erbarm.

Der Herr nahm Abstand von seinem Vorhaben daraufhin,
Und Mose stieg vom Berge, mit der Gesetzestafeln Gewinn.
Als er jedoch das Volk tanzen sah,
Zerbrach er im Zorn die Tafeln gar.

Als nächstes schmolz er das Kalb wieder ein,
Und sprach: „Her zu mir, wer bei Gott will sein".
Dreitausend Frevler wurden erschlagen,
Und Moses ging, des Herrn Vergebung zu erfragen.

Gott sprach: Das verheißene Land will ich euch geben,
Doch zöge ich mit euch, bliebet ihr nicht am Leben.
Wegen eurer Halsstarrigkeit würde ich vertilgen euch alle,
Darum einen Engel zu eurem Begleiter ich bestalle.

In der Stiftshütte redete Gott mit Mose oft,
Wie man es sich unter Freunden erhofft.
So nahm der Herr den Engel zurück,
Sagte zu, selber mitzuziehen, zu des Volkes Glück.

Moses verlangte, zu sehen Gottes Herrlichkeit,
Doch Sein Angesicht zu schauen, hätte jeden Menschen entleibt.
So durfte Moses nur hinterher ihm sehen,
Ein leuchten blieb davon auf seinem Angesicht stehen.

Umfangreiche Rechtsordnungen wurden dem Moses gegeben,
Er trug sie alle dem Volk vor und fragte: Wollt ihr danach leben?
Das Volk antwortete wie aus einem Munde:
Wir wollen tun nach dieser Kunde.

Somit war der Bund geschlossen,
Moses wiederum den Sinai bestieg unverdrossen.
Er kam von unten, der Herr von oben sich senkte herab,
Dem Moses neue Anweisungen gab.

So lebten die Hebräer als einziges Volk auf Erden,
Unter direkter Führung Gottes, so sollten reifer ihre Seelen werden.
Sie zogen durch die Wüste vierzig Jahr,
Bis von einem Berge das verheißene Land man sah.

Hier wird man fragen: Warum vierzig Jahr?
Für den Weg hätten doch gereicht ein paar Wochen offenbar.
Dies kam vom murren des Volkes gegen Gott und Mose,
Das Vertrauen zum Herrn war oft noch lose.

Der Herr wollte den Murrern das verheißene Land nicht geben,
Er ließ sie in der Wüste bis zu ihrem Ableben.
Besonders gehören Korah und sein Anhang genannt,
Ihr Aufbegehren gegen Moses nahm überhand.

Unter ihren Füßen die Erde aufsprang,
Der Abgrund alle Frevler verschlang.
Gott ließ sein Werk durch niemand zerstören,
Die sich wollten gegen Ihn und Moses empören.

Hieraus kann man ziehen den Schluss,
Der Herr einen wichtigen Grund gehabt haben muss.
Dieser Grund wurde ersichtlich eintausend Jahre danach,
Der Herr selbst wollte Mensch werden, unter eines heiligen Volkes Dach.

Vor diesem Hintergrund ist die Erziehung der Hebräer zu verstehen,
Darum sind sie zu achten, sie hatten einen strengen Weg zu gehen.
Noch einmal zurück zum Gebirge Abarim,
Von hier hat Mose das verheißene Land gesehn.

Josua wurde zu Moses Nachfolger bestellt,
Und Mose zu den verstorbenen Vätern gesellt.
Der größte Prophet der Geschichte ging heim,
Er legte für eine bessere Entwicklung der Menschheit den Keim.

Des Moses Leben war ein stetiges Mühen,
Sein Volk auf Gottes Seite zu ziehen.
Dies gelang ihm mit äußerster Demut nur,
Darum verdient Achtung er von aller Kreatur.

Diese bringst du ihm am besten dar,
Wenn du dein Leben ausrichtest nach seinen Zehn Geboten wahr.
Einmal hättest du davon einen großen Gewinn,
Und die Mühen des Moses hätten für dich einen Sinn.

# NIEMAND KOMMT ZUM VATER DENN DURCH MICH

Jesu Leib, das ist der Sohn,
Den konnte zu seiner Erdenzeit ein jeder erschauen schon.
„O zeige uns den Vater, bitte",
Dieser Wunsch kam aus seiner Jünger Mitte.

„Wer mich sieht, der sieht den Vater doch,
Was fraget ihr mich danach noch?"
Hier soll unser Blick von Außen nach Innen tiefer dringen,
Uns zur Erkenntnis des Vaters bringen.

Der Vater wohnt in Jesu Brust,
O möge uns allen das werden bewusst!
Unser Schöpfer, voller Vaterliebe,
Kam durch Jesus in unser irdisches Getriebe.

So ist der Umkehrschluss ja klar,
Durch Jesus nur kann ich kommen zum Vater wahr.
Drum bleib nicht stehen bei Jesu Person,
Ergründe tiefer die wahre Religion.

Erwecke die Liebe deines eigenen Herzens zuvor,
Nur deine eigene Liebe hebt dich zu Jesu Liebe empor.
Hat deine Liebe Jesu Herz berührt,
So hast du die Liebe des Vaters gespürt.

## ORDNUNG

Wer Ordnung hält, ist nur zu faul zum suchen,
Dies wollen wir mal unter „dumme Sprüche" verbuchen.
Etwas tiefer müssen wir schon graben,
Wollen wir uns an Erkenntnissen über die Ordnung erlaben.

Verschiedene Vorstellungen über Ordnung gibt es schon,
Zum Beispiel: Welche Ordnung gibt an in einem Garten den Ton.
In manchen stehen selbst die Grashalme in Reih und Glied,
Dafür singt dort kaum ein Vogel sein Lied.

Andere Gärten sehen ein bisschen verwildert aus,
Dafür sind dort viele Pflanzen und Tiere zuhaus.
Der erste Garten stellt auch eine Ordnung dar,
Die Ordnung des zweiten jedoch viel mehr Leben gebar.

Eine Ordnung erfüllt dann ihren Sinn,
Dient sie dem Leben mit Gewinn.
Eine Ordnung, die die Entwicklung des Lebens behindert,
Die Fülle der Möglichkeiten dadurch mindert.

Besonders Kindern wird es nützen,
Ordnung sollte sie beschützen.
Doch in dem Maße wie ihre Fähigkeiten nehmen zu,
Sollte die Ordnung mitwachsen wie ein größerer Schuh.

Wir Menschen haben von Gott eine Ordnung bekommen,
Die Zehn Gebote, durch Mose, wodurch die Freiheit nicht genommen.
Beachten wir sie, sind wir dazu bereit,
Gehen wir entgegen der Vollkommenheit.

Durch die Gebote, mit Verstehen beachtet,
Wird das Lebensfeindliche in uns entmachtet.
Das Leben kann sich reicher entfalten,
Das Wachsen unseres Geistes ist nicht mehr aufzuhalten.

Auf deine Gefühle auch gib Acht,
Belade sie nicht mit verwirrender Fracht.
Dein wahres Gefühl kennt die Ordnung genau,
Darauf kannst du errichten deines Lebens Bau.

Selbst die Liebe sollte sich innerhalb der Ordnung bewegen,
Sonst versickert sie bald, wie Wasser in der Wüste nach einem Regen.
Eine rechte Ordnung ist für die Liebe wie ein heiliger Gral,
Der ihre Köstlichkeit bewahrt vital.

# ORDNUNG UND LIEBE

Jesus schrieb die Schuld der Ehebrecherin in den Sand,
Er verurteilte sie nicht, wie von den Pharisäern geplant.
Doch eine Mahnung gab er ihr mit:
Vermeide hinfort einen solchen Fehltritt.

Dieses Beispiel Jesu zeigt optimal,
Das Zusammenspiel von Ordnung und Liebe ganz real.
Jesus hob die Ordnung nicht auf,
Doch hinderte seine Liebe ihren strengen Verlauf.

In orientalischen Kulturen wird die Ordnung der Familie betont,
Während der Westen sich in freier Liebe sonnt.
Ordnung ohne Liebe verhärtet die Herzen,
Liebe ohne Ordnung wird ein beständiges Glück verscherzen.

Ein harmonisches Miteinander von Ordnung und Liebe,
Ist wohl das Beste für des Lebens Getriebe.
Wenn die Liebe erfüllt die Ordnung ganz,
Ist es vorbei mit jeder Dissonanz.

Das ganze Evangelium kannst du dir vornehmen,
Jesus erfüllte genau dies in Seinem Leben.
Füllst auch du die göttliche Ordnung ganz mit Liebe aus,
So baust du erfolgreich an deinem himmlischen Haus.

## ORDNUNG UND SCHÖPFUNG

Wenn Gott ein Gott der Ordnung ist,
Wie kam in die Welt der Unordnung Zwist?
Der Ursprung liegt schon lang zurück,
Auf den Fall der Geister richte den Blick.

Sie wollten nicht ihren Schöpfer achten,
Selbst wollten sie herrschen und Ihn entmachten!
Damit trennten sie sich von ihres Lebens Strom,
Zur Materie sie gerannen Atom für Atom.

Das sichtbare Weltall so entstand,
Doch der Schöpfer gleich einen Rückweg erfand.
Vom Mineral zum Reich der Pflanze,
Von dort zum Tier brach Gott die Lanze.

Er ordnete dies alles und war bestrebt,
Das sich das selbst Gefangene wieder höher hebt.
Als Krönung des Ganzen schuf er den Menschen dann,
Durch ihn das Gefallene zurück in den Himmel kann.

Dieses geht natürlich nur,
Legt der Mensch dabei ab jeder Unordnung Spur.
Ist ein Rückweg gelungen, der Herrgott sich freut,
Nicht länger Ihn das Erschaffen gereut.

# DIE ANVERTRAUTEN PFUNDE

Ein Edler ließ zehn seiner Knechte kommen,
Weil in der Ferne er sollte ein Königtum bekommen.
Einen jedem von ihnen gab er ein Pfund,
„Handelt damit, bis ich wiederkomme", gab er ihnen kund.

Er nahm das Königtum ein und kam wieder ins Land,
Und forderte von seinen Knechten der Pfunde Stand.
Der erste hatte mit dem Pfund zehn Pfunde dazugewonnen,
Sein Herr wurde ihm dadurch wohlgesonnen.

„Über zehn Städte sollst du haben Macht,
Weil du auf meinen Vorteil bedacht".
Der nächste trat mit fünf gewonnen Pfunden hervor,
„Über fünf Städte sollst du sein der Präzeptor".

Der letzte Knecht gab sein Pfund zurück,
„Die Furcht vor dir, Herr, hat mich zusehr bedrückt.
Darum habe ich mich nicht zu handeln getraut",
Sein Herr war davon gar nicht erbaut.

„Nehmt ihm das Pfund und stoßt ihn hinaus,
Einen bösen Knecht will ich nicht haben im Haus".
Der Herr setzte also Nichtstun mit böse gleich,
Und das eine Pfund bekam der, der ohnehin schon reich.

Mit diesem Gleichnis will Jesus uns rütteln wach,
Dass wir nicht kommen mögen zu dem faulen Knecht ins gleiche Fach.
Der träge Knecht hatte wenigstens das Pfund bewahrt,
Was heute nicht immer ist die Lebensart.


Manch einer verschwendet sogar das eine Pfund,
Indem durch allerlei Laster er besorgt dessen Schwund.
Wie mag es erst dem Pfundverschleuderer ergehen,
Wenn der Pfundbewahrer schon vor dem Herrn nicht kann bestehen?


Darum prüfe sorgfältig, welche Talente du hast,
Damit du das gottgegebene Pfund erfasst.
Hast du einmal dies erkannt,
Dann bilde es aus, möglichst brillant.


Bist du soweit vorgedrungen,
Dann werde zur Tat sich aufgeschwungen!
Schränke dich lieber bei Zerstreuungen ein,
Zu allerlei Ablenkungen auch sage nein.


Üb dein Talent zum Wohl deiner Nächsten aus,
Damit du nicht mit leeren Händen kommst in des Herrn Haus.
Eines mal ganz sicher ist:
Irgendwann ist um des Handelns Frist.


Manche trauen sich nicht ans Handeln heran,
Weil sie erkennen: Mein Tun noch nicht vollkommen sein kann.
Meine Fähigkeiten stimmen noch nicht mit meinen Erkenntnissen überein,
Darum lass ich das Handeln vorerst sein.

Diesen sei der Rat gegeben:
Handle trotzdem, und lerne bei deinem Handeln eben.
Jede Meisterschaft bescheiden begann,
Wer nie anfängt, hat seine Chance schon vertan.


Habe auch keine Furcht, du könntest machen Fehler,
Gar nichts zu tun wirkt wesentlich schwerer.
Einen Fehler immer nur einmal mach,
So wirst du immer besser in deinem Fach.


Handelst du nach diesem Rat,
Der Herr sicher Freude an dir hat.
Du selbst auch wirst erst glücklich sein,
Setzt deine Gaben du für andere ein!

## RICHTET NICHT, AUF DASS IHR NICHT GERICHTET WERDET

Ja, soll es denn keine weltlichen Richter geben?
Da wäre ja nicht mehr sicher mein Leben!
Die allgemeine Sicherheit muss aufrechterhalten sein,
Wer dagegen verstößt muss wissen: Ich komme ins Gefängnis hinein.

Jesus hat seinen Satz ja nicht vor Richtern gesprochen,
Die müssen natürlich auf Einhaltung der Gesetze pochen.
Mit diesem Satz meinte er Menschen wie dich und mich,
Wenn sie auf Fehler der Mitmenschen herumreiten ärgerlich.

Erst sollen wir den Balken aus unserem Auge ziehen,
Danach erst wären wir soweit gediehen,
Unseren Mitmenschen sanft auf seinen Splitter hinzuweisen,
Und ihm zu helfen, sich davon loszueisen.

Jesus selbst wurde nicht gesandt zum Richten,
Sondern unsere Fesseln zu vernichten.
Zum retten nur kam Er in diese Welt,
Das jeder Mensch, der an ihn glaubt, das Leben erhält.

Wie würde denn ein Gericht Gottes aussehen?
Da würden wir nur als Gefangene der Materie bestehen.
Dieses bezeichnet die Bibel als Tod,
Vom Standpunkt des Lebens aus eine qualvolle Not.

Doch Jesus zeigt uns wieder einen Weg,
Wie der Mensch einer solchen Not entgeht.
„Richte nicht, so wirst auch du nicht gerichtet",
Viel erreichst du damit und zu wenig bist du nur verpflichtet.

Verlästern oder richten ist da gleich,
Wer lästert seinen Bruder, lästert und richtet das Gesetz zugleich.
Er untergräbt damit das Leben,
Denn das Leben zu fördern wurde das Gesetz gegeben.

Des Lebens Geist will ja wachsen in einem jeden,
Dem würde lästerliches Reden stehen entgegen.
Inzwischen kennst du ja des Wortes Macht,
Drum setz es nur aufbauend ein und mit Bedacht.

# SANFTMUT

Sanftmut, eine Geistesfrucht?
Um etwas zu bewegen fehlt ihr doch jede Wucht!
Und doch steht es bei Paulus so,
Drum muss mehr dran sein als nur Stroh.

Ihre Kraft sie nicht aus Materie bezieht,
Nicht von dieser Welt ist ihr Gebiet.
Sie kann unglaubliches bewirken,
Doch stets aus himmlischen Bezirken.

Vom Himmel aus beherrscht die Materie sie,
Du fragst: Wie soll das gehen, wie?
Nur Geduld, du wirst es schon sehen,
Lies Matthäus fünf, um es zu verstehen.

Der Sanftmütige wird das Erdreich besitzen,
Jede Macht wird dagegen abblitzen.
„Wir nehmen uns Länder mit Gewalt",
So es in den letzten Kriegen widerhallt.

Und was war die Folge davon?
Unser Land wurde kleiner unter der Sonn.
Das Volk ging in sich, wurde sanfter sodann,
Urplötzlich es wieder Land gewann.

Wie im Großen, so auch im Kleinen,
Wer klug ist, wird sich mit der Sanftmut einen.
Sie schafft das wirklich Schwere für ihn,
Er muss nur üben Geduld und Disziplin.

Zwei Völker streiten sich zurzeit,
Um das gleiche Stück Land, das gar nicht breit.
Mit Hass und Sprengstoff kämpfen die einen,
Ihre Gegner klagend die Opfer beweinen.

Doch dann üben Vergeltung sie,
Viel Gewalt führt dabei Regie.
Wem Gott soll geben nun das Land,
Da niemand der Sanftmut zugewandt?

An diesem Beispiel wird auch klar,
Zur Sanftheit gehört großer Mut, fürwahr.
Auch wenn du äußerlich noch musst kämpfen,
Sollst im Herzen du Hass und Vergeltung dämpfen.

Wir nahmen einst einem Volke die Heimat hier,
Drum sollen nun einen Frieden unterstützen wir.
Schafft im Herzen Platz, für Verzeihen und Verstehen,
So wird zur rechten Zeit das Innere nach Außen gehen.

Verfolge deine Ziele mit Sanftmut nur,
Dies bringt dich auf des Geistes Spur.
Ein Fortschritt in der Sanftmut dir bleibt,
Was mit Gewalt du genommen, wieder zerstäubt.

# VERGEBUNG

Auge um Auge, Zahn um Zahn,
Im alten Bund stand die Vergeltung an.
Gott erzog sein Menschengeschlecht,
Über viele Jahrhunderte durch das Recht.


Für den, der es so will, gilt dies auch weiterhin,
Doch weise ich auf einen Nachteil hin:
Der Prozess der Vergeltung kommt schwer zur Ruh,
Eine Tat treibt die nächste - immerzu.


Dieses Dilemma hat Jesus erkannt,
Ein alternatives Verhalten gab Er uns bekannt.
Und dieses lautet: Ich vergebe dir,
Nur Gutes soll zurückkommen von mir.


Hier können wir sogar das Verhalten Gottes bestimmen,
Vergeben wir, wird auch Er über unsere Taten nicht mehr ergrimmen.
Dies ist doch eine wunderbare Sache,
Da lasse gern ich sausen jede Rache.


Da wir alle Glieder am Leibe Gottes sind,
Würde meine Vergeltung ein anderes Glied Gottes treffen blind.
Ich meine den Anderen, treffe in Wirklichkeit Gott,
Dies wäre offensichtlich meiner Einsicht Bankrott.

Kannst du nicht vergeben eine böse Tat,
Dies eine Rückwirkung auf dein Herz hat.
Seine Energie kann nicht mehr fließen frei,
Du ziehst dir selbst Beschwerden herbei.


Die Lehre der Vergebung zeigt wieder einmal,
Jesus als Meister ist einfach genial.
Vergebung uns vor Schaden bewahrt,
Darum sei diese Lehre im Herzen fest verwahrt.

## VERSTEHEN

Verstehen soll ich? Danke, nein,
Da müsst ich ja ändern das Verhalten mein.
Sollen die anderen doch mich verstehen,
Dann würde es mir schon besser gehen.

So geht es nicht, du siehst es ein,
Verstehen sollte schon gegenseitig sein.
Am besten, du fängst bei dir selber an,
Verstehst du alles, was das Leben dir angetan?

Solange du noch glaubst, dir sei Unrecht geschehen,
Ist noch nicht vollkommen dein Verstehen.
Hier irrt der Dichter, denkst du bei dir,
Meist unschuldig musste ich leiden hier.

In diesem Fall gibt es der Möglichkeiten zwei,
Erstens kannst du die Ursache bewusst nicht mehr holen herbei.
Zweitens war es von „Oben" als Hindernis gedacht,
An dem deines Geistes Kraft erwacht.

Wie gefährlich das Nichtverstehen ist,
Zeigt dir, durch sein Verhalten, jeder Terrorist.
Sie nehmen von ihrer Lehre das Äußere nur,
Und kommen damit auf schlimmster Taten Spur.

Verstanden will das Wort Gottes sein,
Soll es beitragen zu unserem Glücklichsein.
Kauen wir nur auf der Rinde des Wortes herum,
Bleibt dessen geistiger Gehalt für uns stumm.

Verstehen soll auch deinen Willen leiten,
Willst du nicht von einem Unglück zum nächsten schreiten.
In der Jugend geht es meist andersherum,
Bis wir begreifen das Warum.

Werdet nicht Kinder, wenn es zu verstehen gilt,
Der Apostel Paulus schrieb nieder dieses Bild.
Das Wort Gottes lass in der Stille auf dich wirken,
So kann sein geistiger Gehalt Heilsames bewirken.

„Habt ihr das alles verstanden?"
Denn Jesus wollte, dass seine Worte bei den Jüngern nicht versanden.
Nicht dunkel soll uns seine Lehre sein,
Das Verstehen erst bringt Licht hinein.

Verstehst du, was Gottes Absicht für alles Geschaffene ist?
Den Gang der Entwicklung, bis alle am Ziel sind, in gemessener Frist?
Fühl dich doch einmal in Seine Arbeit hinein,
Und bring dein Leben damit überein.

# WILLE

Ich tue das, was ich auch will
Erscheint es manchen noch so schrill.
Was andere wollen ist mir egal,
Solang sie mir den Willen lassen, nach meiner Wahl.

So beginnt das menschliche Leben,
Weil des Willens Freiheit von Gott so gegeben.
In der Jugend wird es einem meist nicht gewahr,
Das der Gebrauch des Willens eine Erziehung beinhaltet unwandelbar.

In deinem Willen bist du frei,
Doch bei den Folgen deines Tuns, da bist du unweigerlich dabei.
Was also du mit deinem Willen gesät,
Später als Ernte ins Haus dir steht.

Wohl dem, der diese Zusammenhänge erkennt,
Er lernt dadurch und wird intelligent.
So setzt er seinen Willen immer klüger ein,
Und kommt damit näher dem Zufriedensein.

Wer aus den Folgen seines Tuns nichts will lernen,
Der wird sich von der Klugheit immer weiter entfernen.
Dies kann sich steigern, bis die Rückwirkungen werden brutal,
Und zur Besinnung ihn zwingen ganz fatal.

Dies ist wie ein kybernetisches Modell,
Es kann Leid und viel Zeit dich kosten, ganz reell.
Du fragst: Gibt es auch einen kürzeren Weg?
Wenn du es annehmen willst: Im Wort Gottes er steht.

Beachtest du das Vierte Gebot,
Isst du deiner Eltern Erfahrungsbrot.
Machst du dir ihre Lebenserfahrungen zu Eigen,
Wird sich dies an deiner Verständigkeit zeigen.

Dadurch wird es dir wohl ergehen,
Diese Sätze schon bei Moses stehen.
Ehre deine Eltern, doch wachse über sie hinaus,
So kannst du den Nachkommenden übergeben ein helleres Haus.

Von deiner Erkenntnis hängt die Qualität deines Willens ab,
Auch dein Verstehen wird dem Willen sein ein wertvoller Stab.
Machst du gar den Willen Gottes dir zu Eigen,
Wird das Himmelreich sich zu dir neigen.

Den Willen Gottes kennst du nicht?
In den Zehn Geboten er zu dir spricht.
Jesus gab uns zwei zusammenfassende dazu,
Handelst du danach, erfüllst den Willen Gottes du.

Da Gottes Wille der freieste ist,
Kommst deiner eigenen Freiheit du näher in kurzer Frist.
Wer immer nach dem Willen Gottes handelt,
Schon auf Erden wie Seine Engel wandelt.

Das Haupthindernis bei der Entwicklung des Willens wird sein,
Die Trägheit, die zu jeder Mühe möchte sagen nein.
Wer sich davon nicht lässt unterkriegen,
Wird im Leben sicher siegen.

# DAS WORT

**W**as soll denn am Wort schon sein,
Lohnt es sich, ihm ein Gedicht zu weih`n?
Den ganzen Tag höre ich so viele Worte,
Am liebsten sperrte ich zu meiner Ohren Pforte.

Und doch sind alle Dinge durch das Wort gemacht,
Von Gott gesprochen, mit Bedacht.
Der Evangelist Johannes beschreibt es klar,
Dass Gottes Wort Gott selber war.

Nun sind wir Menschen geschaffen nach seinem Ebenbild,
Nicht nur der Form nach, auch für die innere Einrichtung dies gilt.
Das heißt, auch unser Wort wird Kraft enthalten,
Wenn wir es mit Weisheit entfalten.

Auch unser Wort kann schon gestalten,
Drum sollten wir uns allen Unsinns enthalten.
Dein Wort wirkt wie ein Ruderblatt,
Dem du die Richtung deines Lebens gestatt.

Sprichst du von Krankheit nur und Streit,
Sind diese Zustände für dich nicht weit.
Dies gilt auch für den, zudem es spricht,
Soweit sein Ohr darauf erpicht.

Besser wird es allemal sein,
Dein Wort der Liebe und dem Leben zu weih`n.
Auch Ordnung und Kraft kannst du befür<u>worten</u> dir,
So wirst du geistig wachsen dafür.

Wir leben vom Worte Gottes hier,
Johannes beschreibt es als Gnadenfülle dir.
Das heißt, noch stehen wir geschöpflich in Gottes Wort,
Dies ist noch nicht unserer Selbstständigkeit Hort.

Dein Wort soll erschaffen deine eigene Welt.
Dann erst bist du so gestellt,
Dass du Ihm in Freiheit dienen kannst,
Weil du aller Schöpfung Zwang entrannst.

Ich hoffe, du denkst vom Worte besser nun,
Es gilt von allem, danach zu tun.
Wissen allein reicht hier nicht aus,
Nur Fleiß erbaut dir deines Geistes Haus.

Stell dein Wort in den Dienst der Liebe auch,
Den Schwachen zu stärken nach altem Brauch.
Auch trösten soll ihn dein Wort,
Sein Gutes beleben, dass sonst verdorrt.

# ANMERKUNGEN

Zu jedem Gedicht gibt es eine Anmerkung. Die Anmerkungen erfolgen in der Reihenfolge der Gedichte, also nach dem Alphabet. Sie enthalten Hinweise auf Bibelstellen und andere Quellenangaben. Die Gedichte basieren zwar hauptsächlich auf der Bibel, doch auch Passendes aus der allgemeinen Literatur wurde mit verwendet. Auch Hinweise von mir sind hier zu finden, einiges zum Hintergrund und zum besseren Verständnis der Gedichte.
Es gibt zwei Versionen der mosaischen Gebote, einmal in 2. Mose 20,1 - ff und ein zweites mal in 5. Mose 5, 6. Im vorliegenden Gedichtband beziehe ich mich immer auf 5. Mose 5, 6 – 21, wenn von den Zehn Geboten die Rede ist.

## Zur BARMHERZIGKEIT

Zum 3. Vers des Gedichtes Barmherzigkeit: Es ist wirklich verwunderlich, wie gering Gottes Verheißung im ersten Gebot geachtet wird!
Barmherzigkeit von Gott zu erlangen, ist doch sicher etwas ungemein Wertvolles!
Und die Barmherzigkeit Gottes zu erlangen ist uns möglich, indem wir nur zehn einfache Gebote beachten!
Zum 5. Vers: Die Geschichte von Jonas Zorn über Gottes Barmherzigkeit gegenüber dem Volk von Ninive kann nachgelesen werden in Jona, 3 + 4.
Zum 6. Vers: Natürlich darf der barmherzige Samariter nicht fehlen, nachzulesen bei Lukas 10, 29 – 37.
Zu den Versen 8 + 9: Heutzutage wird viel Aufhebens vom positiven Denken gemacht. Moses empfiehlt in seinem 9. und 10. Gebot ebenfalls, die Gedanken sorgfältig zu überwachen, doch er geht

von einem etwas anderen Ansatz aus, als die modernen Positiv-denker.

Zuerst einmal muss ich darauf achten, nicht einmal in Gedanken etwas von dem anzutasten, was meines Nächsten ist. Schaue ich zu sehr darauf, was Andere so alles ihr Eigen nennen, dann ist die Gefahr gegeben, dass ich übersehe, was Gott mir zugedacht hat. Darin liegt eine versteckte Gefahr für mich! Kenne ich wirklich schon alle Gaben, auch die meiner Seele und meines Geistes? Danach muss ich bei MIR suchen!

Meines Nächsten inneren und äußeren Reichtum soll ich achten, - auch in Gedanken und ihn fördern, wo es möglich ist. Das wird den Geist der Barmherzigkeit stärken.

Wer dies nicht ganz nachvollziehen kann, möge es ausprobieren.


## Zur BITTE

Es gibt zwei Möglichkeiten, einem anderen ein Bedürfnis zu übermitteln: Bitten und fordern. Jesus lehrte nicht: Fordert, so wird euch gegeben, sondern bittet, so wird euch gegeben (Matth. 7,7). Die Natur der Bitte ist die Freiheit. Forderungen benötigen Gesetze. In dreiundvierzigjähriger Tätigkeit in der Wirtschaft habe ich kennen gelernt, wie viel Ressourcen durch fordern bis auf den letzten Cent verbraten werden. Nicht nur finanzielle, vor allem nervliche. Mir ist klar, beim jetzigen Zustand des Bewusstseins wird vorerst daran nichts zu ändern sein. Aber man wird ja hin und wieder von besseren Zuständen träumen dürfen.

Das Bitten zu Gott hat einen großen Wert an sich. Die Bitte nötigt uns, unsere wirklichen Bedürfnisse zu erforschen. So gewinnen wir an Selbsterkenntnis. Unabhängig davon, ob unsere Bitte erfüllt wird oder nicht. Nicht erfüllte Bitten sollten uns nicht entmutigen, sondern zu tieferer Selbsterkenntnis anspornen. Stärken wir unseren Glauben, wird dies ebenfalls dazu beitragen, unser Gebet zu erhören. Nach einer erhörten Bitte ist es natürlich gut, zu danken. Um den Kreislauf wieder zu schließen.

## Zur DEMUT

Die Demut ist wohl allgemein keine besonders beliebte Tugend. Um sie mit Nutzen anzuwenden, ist Unterscheidungskraft gefragt. Natürlich ist es Unsinn, irgendwelchen Dummheiten der Mitmenschen mit Demut zu begegnen. Doch auch der Dumme trägt den Geist Gottes in sich. Während man also der Dummheit oder Unwahrheit wenn nötig energisch begegnet, sollte gleichzeitig der Gottesgeist im anderen geachtet werden. Jesus drückte dies mit folgenden Worten aus: Wer zu seinem Bruder sagt: Du gottloser Narr! Der ist des höllischen Feuers schuldig (Matth. 5, 22).
Letztlich ist der Weg der Demut der Weg vom Kopf zum Herzen. Solange wir im Kopf leben, sehen wir uns von anderen Lebewesen getrennt. Wir nehmen starke Unterschiede zwischen den Menschen war. Im Kopf dünken wir uns leicht einmal anderen überlegen. Leben wir aus dem Herzen, erkennen wir: Im Herzen sind wir alle eins. Das Herz hat Zugang zum Geist Gottes in uns. In dem Maße wir uns mit diesem Geist einen, nehmen die Zwänge der Schöpfung für uns ab. So kann man durchaus sagen: Die Demut geht der Freiheit voraus.

## Zum DIENEN

Durch die Liebe diene einer dem anderen (Gal. 5,13). Dieser Satz unseres Paulus spielt sich ja in der ganzen Schöpfung ab. Im Naturreich noch unbewusst. Der Mensch kann dann schon bewusst dienen. In den Himmeln ist dienen ein Grundbedürfnis, um in der Liebe und Seligkeit zuzunehmen. Auf welchen Wegen könnte die Liebe denn sonst wachsen?

## Zum ERNST

Eine Lebensvollendung ohne Ernst ist nicht vorstellbar. In den Himmeln kann wohl hin und wieder einmal der Humor durchblitzen, doch Kasperladen werden dort wohl kaum gepflegt werden. Teile dieses Gedichtes sind autobiographisch.

In meinen jugendlichen Jahren hat der Engel des Ernstes hin und wieder eingegriffen, um durch einen wohldosierten Unfall schlimmes Vorhaben zu durchkreuzen. Im Nachhinein denke ich: Er hat dies wohl eher einige Male zuwenig als zuviel getan. Zu einem solchen Eingreifen des Ernstes kann natürlich bei dir, lieber Leser, nie ein Anlass bestanden haben. Zu jedem Werk, das einen Bestand haben soll, gehört auch eine Portion Ernst. Dies dürfte jedem bei einigem Nachdenken klar sein.

## Zur FREIHEIT

Würden wir aus den Gottesgeboten einen Zwang machen, wäre dies wohl schlimmer für unser Seelenleben, als wenn wir überhaupt keine Gebote hätten. So etwas wird Fundamentalismus genannt und kommt mehr oder weniger in allen Religionen vor. Der Seele würde die Chance genommen, aus eigener Einsicht und freiwillig die Gebote Gottes zu befolgen. Und nur dies allein bringt der Seele einen Nutzen. Werden noch so gute und vollkommene Gottesgebote unter Zwang eingehalten, bringt das der Seele gar nichts, höchstens Nachteile. So warnt denn der Apostel Paulus die Christen zu Recht, in die Gesetzlichkeit zurückzufallen, z.B. im Galaterbrief, 4 + 5. In den Himmeln Gottes herrscht die höchste und vollkommene Freiheit. So ist es sicher für jeden von Vorteil, sich schon hier soweit als möglich in Freiwilligkeit einzuüben. Denn Freiwilligkeit ist der Preis der Freiheit. Und so werfe ich in den Versen 11 – 14 die Frage auf, ob nicht auch unserem Staatswesen mehr Freiheit und Freiwilligkeit gut täte? Darin liegt sicher viel Stoff zum nachdenken, zum diskutieren und experimentieren.

## Zu FREUDE UND GELD und FREUDE UND SINNLICHKEIT

Wer einen Hymnus an die Freude a`la Schiller erwartet hat, wird enttäuscht sein. Es war mir wichtig, zwei Haupthindernisse auf dem Weg zur Freude darzustellen, und aufzuzeigen, wie sie überwunden werden können. Soweit es das fleischliche Hindernis betrifft, ist es wieder selbst durchlitten worden. Leider kommt man nicht als Weiser auf die Welt. Der Weg der eigenen Erfahrungen ist mitunter hart und leidvoll, dafür sitzen die Lektionen in der Regel. Und um vieles köstlicher schmeckt die Freude, wenn man sich durch allerlei Täuschungen und Irrwege hindurch gekämpft hat. Ohne solchen vorausgehenden Kampf ist eine bleibende Freude wohl schwer denkbar.

## Zur FREUNDLICHKEIT

Freundlichkeit zählt Paulus zu den Geistesfrüchten (Gal. 5,22). Ihre Bedeutung sollte nicht unterschätzt werden. Wer sich vornimmt, auch nur einen Tag in allen möglichen Situationen freundlich zu bleiben, wird merken, welch ein Training für die Seele dies ist. Warum also immer nur körperliche Fitness trainieren, auch seelische Trainingseinheiten stärken. Sie haben darüber hinaus auch nach dem Tod des noch so gut trainierten Körpers einen Nutzen.
Sind wir freundlich, so erfreut das sicher auch unsere Mitmenschen und andere Mitgeschöpfe. Für einen Menschen in irgendeiner Not kann eine freundliche Begegnung die Wende zum Besseren bedeuten.

## Zu FRIEDE

Friede kehrt überall da ein, wo der Hochmut sich verabschiedet. Vor den großen Kriegen des 20. Jahrhunderts übertrafen sich die Verantwortlichen förmlich in Arroganz, in Stolz, in Hochmut. Da die Leiter der Völker auch die Spiegel ihrer Völker sind, so ist auch jeder einzelne aufgefordert, sich vom Hochmut zu verabschieden. Wer sich dieser Mühe unterzieht und sich in Friedfertigkeit einübt, dem gilt eine große Verheißung Jesu. Einen solchen nennt Jesus ein Gotteskind ( Matth. 5,9). So hoch sind doch die Anforderungen der Bibel gar nicht. Warum gehen nicht mehr Leute ernsthaft an diese Aufgaben heran? Ein Gotteskind zu sein, ist doch keine Kleinigkeit, dafür kann man doch schon etwas tun. Wer friedfertig auch mit seiner eigenen Seele umgeht, der wird sicher auch zu anderen friedfertig sein.


## Zur GEDULD

Die erste Lehrmeisterin in Fach der Geduld ist wohl die Natur. Alles in ihr braucht seine Zeit bis zur Reife. Nichts kann da über das Knie gebrochen werden. Daher das etwas simple Beispiel mit der Kartoffel im ersten Vers. Bei der Reife einer Menschenseele müssen wir ebenfalls Geduld haben. Mit Ungeduld kostet es hier mehr Zeit als mit Geduld. Ein in Geduld erprobter Mensch kann lt. Salomon (Sprüche 15,18) auch den Zorn (eine extreme Form der Ungeduld?) anderer löschen.
Beginnen wir bewusst damit, uns durch entsprechendes Lesen und darüber Nachdenken z.B. mit Friedfertigkeit zu befassen, so gleicht das einer guten Saat. Handeln wir dann auch entsprechend, selbst unter schwierigen Umständen, so begießen und pflegen wir unsere Friedenspflanze. Vertrauen wir dabei auf Gottes Hilfe, so wird sie von der Sonne beschienen. Halten wir ausdauernd an der Friedfertigkeit fest und lassen uns dabei von niemand entmutigen, so ist

zur rechten Zeit die Ernte sicher. Am traurigsten anzusehen ist es, wenn jemand kurz vor der Reife aufgibt, weil er den Glauben verloren hat. Im Gegensatz zum Landwirt und Gärtner sehen wir ja das Reifen in seelischen und geistigen Dingen nicht. Hier sind wir allein auf Glauben und Geduld angewiesen, siehe Jakobus, 1,3. Der Schluss beleuchtet die Geduld Gottes. Welch große Geduldsprobe hat sich Gott doch mit der Erschaffung der Welt selbst auferlegt?


## Zur GERECHTIGKEIT

Wird die Gerechtigkeit in einem Land über Bord geworfen und durch eine Willkürherrschaft ersetzt, so ist dem Elend und der Schande Tür und Tor geöffnet. Da die Herrschenden auch hier wieder Spiegelbild ihrer Völker sind, so ist auch der Einzelne aufgerufen, sich über Gerechtigkeit Gedanken zu machen.

Dieses Thema nimmt in der Bibel einen breiten Raum ein. Im Gedicht eine kleine Kostprobe davon. Z. B.: „Gerechtigkeit erhöht ein Volk"; Sprüche 14,34, „Du sollst nicht beugen des Fremden Recht"; 5. Mose, 27,19. Eine solche Rechtsbeugung ist lt. Mose mit einem Fluch belastet.

Und nun noch etwas zur Sicherheitsdebatte, die wegen der Terrorgefahr nicht enden will. Hierzu hat der Prophet Jesaja ganz klare Worte von Gott bekommen. „Und der Gerechtigkeit Frucht wird Friede sein, und der Ertrag der Gerechtigkeit wird .... Sicherheit sein, dass mein Volk in friedlichen Auen wohnen wird, in sicheren Wohnungen (Jes. 32,17+18).

Und wie wird nun Gerechtigkeit erlangt? Hierzu wieder Jesaja: „ O das du auf meine Gebote gemerkt hättest, so würde dein Friede sein wie ein Wasserstrom und deine Gerechtigkeit wie Meereswellen" Jes. 48,18. Demnach sind die Zehn Gebote des Moses die Grundlagen der Gerechtigkeit. Hierin liegt sicher viel Stoff zum Durchdenken und in vielen Fällen auch zum Korrigieren. Das Ergebnis wäre dann ein echter Zuwachs an Sicherheit.

Die Sache mit dem Kindersegen, der unser Volk ja weitgehend ver-
lassen hat, ist nachzulesen bei Jesaja 48,19.

„Der Gerechte erbarmt sich seines Viehs", Sprüche 12,10. Auch
dieser Punkt kann in unserem Land wohl noch nicht als erledigt
abgehakt werden. Hunde, Katzen und ähnliches werden wohl mei-
stens gut behandelt, während unsere Nutztiere immer noch so
manches zu erdulden haben. Als Beispiel mögen hier die Käfighen-
nen dienen. Verstehe ich Salomo richtig, so ist nicht nur der Ge-
setzgeber gefragt. Jeder Tierhalter möge sich bitteschön einmal in
die Lage seiner Tiere versetzen und für artgerechte Haltung sorgen,
die der Verbraucher dann auch zu bezahlen hätte. Wem Gerechtigkeit wirklich am Herzen liegt, der diskutiert da nicht länger herum.

Und nun noch einen Ausflug zum Prophet Maleachi. Der verknüpft
interessanterweise Gerechtigkeit mit Gottesfurcht (Maleachi 3, 20).
Mit Gottesfurcht habe ich lange nichts anfangen können. Wer Gott
liebt, hat nicht Not, Ihn zu fürchten. Wer bewusst gegen die Gebote
handelt, dem könnte ja eine Portion Gottesfurcht dienlich sein, indem sie ihn von schlimmen Vorhaben abschreckt.

In den Seligpreisungen der Bergpredigt ist die Gerechtigkeit gleich
zweimal vertreten (Matth. 5, 6 + 10). Gott selbst wird den Hunger
und Durst nach Gerechtigkeit stillen und denen das Himmelreich
öffnen, die um der Gerechtigkeit willen verfolgt werden. Bevor Gott
also Gerechtigkeit herstellt, erwartet er unseren Hunger und Durst
danach. Es macht keinen Sinn, jemand ein gutes Menü vorzuset-
zen, der nicht den geringsten Appetit hat.

Auch unser Paulus hat einen beachtenswerten Hinweis zur Gerechtigkeit gegeben: „Alle Schrift, von Gott eingegeben, ist nütze ... zur
Erziehung in der Gerechtigkeit" (2. Tim. 3,16). So kann wirklich jeder, der lesen oder hören kann, zur allgemeinen Gerechtigkeit beitragen, indem er sich aufmerksam und gläubig mit dem Wort Gottes beschäftigt. Lt. Paulus würde ihn das auch geschickt machen
zu allem guten Werk (2. Tim. 3,17).

## Zum GLAUBEN

In diesem Gedicht sind auch persönliche Erkenntnisse eingeflossen. Es ist mir nicht möglich, die beseelte Natur im Glauben außen vor zu lassen. So ist es meine feste Überzeugung: Es gibt eine seelische Höherentwicklung aus dem Naturgeistigen hinauf zur Menschenseele. Auch aus diesem Grund ist es nicht Gleichgültig, wie wir mit Pflanzen und vor allem Tieren umgehen. Was lag da näher, als den eigenen Kater mit in das Gedicht einzubeziehen. Der Kern des Gedichts ist natürlich Jesu Tod und Auferstehung, wie es z.B. bei Johannes, Kap. 19 + 20 beschrieben ist. Welch eine Liebeskraft doch nötig ist, einen tödlich verwundeten Körper wieder zu heilen und lebendig zu machen! Was einer völligen Vergeistigung des Körpers gleichkommt. Denn nur ein zu Geist gewordener Körper kann durch geschlossene Türen gehen (Joh. 20,19). Hoffentlich ist etwas von der inneren Dramatik dieses Geschehens im Gedicht herübergekommen.

Ansonsten ist Glaube eine Geisteskraft, die in jedem Menschen im Ansatz vorhanden ist. Diese Kraft in uns gilt es zu wecken und zu pflegen. Wie? Da wird das Gedicht „Wort" hilfreich sein. Sprechen wir einfach diese Geisteskraft mit den Worten „ich glaube" an. Entspannt und voll Vertrauen. Täglich ein wenig. Durch unsere Zuwendung wird sie an Kraft gewinnen. Weiteres dazu beschreibt Catherine Ponder in ihrem Buch „Heilungsgeheimnisse der Jahrhunderte", 2. Kapitel.

## Zu GLAUBE UND WERKE

Hierzu lese man Jakobus 2, 14 – 26. Wie Jakobus überhaupt reichlich zur Nächstenliebe anregt. Hier scheiden sich die Theoretiker von den Praktikern. Und die Zweifler von den Gläubigen. Mir sind die schier endlosen Zweifel an der Echtheit der Evangelien nicht unbekannt. Wer jedoch nach der Lehre zu handeln beginnt, dem

werden die Zweifel bald schwinden. Weil er die Kraft und den Segen spürt, der in Jesu Lehre liegt. Eines dürfen die kritischen Bibel-
wissenschaftler nicht vergessen: Verstandeswissen reicht nicht aus,
um den geistigen Gehalt der Bibel aufzuschließen. Auch äußeres
Tun nach der Lehre wird nicht genug sein. Die Gedanken zu diszi-
plinieren, wie es z.B. im 9. + 10. Gebot empfohlen wird, gehört dazu. Eine solche Selbstdisziplin, verbunden mit Werken der
Nächstenliebe, wird wohl am ehesten in der Lage sein, Zweifel am
Wort Gottes auszuräumen. Das äußere Wort ist nur das
Eingangstor zu seinem geistigen Inhalt. Auf diesen Inhalt kommt
es an. Wer wird denn eine Ware nach ihrer Verpackung beurteilen?
Warum sollte Gott etwas so wertvolles wie sein Wort nicht auch mit
einer Zugangssicherung versehen? Diese Sicherung kann nur durch
Handeln nach dem Wort geknackt werden! Da werden sich noch so
viele Generationen von kritischen Bibelforschern die Zähne daran
ausbeißen. So gehören Glaube und Werke zusammen und steigern
sich gegenseitig.


## Zur GÜTE

Dies ist vielleicht das anspruchvollste Gedicht dieses Bandes. Nicht
auf den Inhalt, sondern auf die Umsetzung im Leben bezogen.
Beim Wort „Güte" erinnere ich mich an Dr. Ewald Kliemke. Er war
mein Dozent im Wahlfach Leistungspsychologie an der Akademie
für praktische Betriebswirtschaft in Radolfzell am Bodensee. Dies
liegt 35 Jahre zurück. Dr. Kliemke ist gestorben und die Akademie
gibt es nicht mehr. In meiner Erinnerung wird mir sein Name immer mit Güte verbunden bleiben. Auch auf bösartige Kritik von Seiten der Studenten reagierte er mit Heiterkeit und grenzenloser Güte. Wie gütig und achtungsvoll ist er mit der, mit geistigen Gaben
nicht gerade gesegneten, Putzfrau umgegangen. Dies wird mir un-
vergessen bleiben. Seither beobachte ich gern, wie Menschen mit
Putzfrauen oder ähnlich gestellten Personen umgehen. Da kann

man viele Erkenntnisse gewinnen. Im Fach der Güte bin ich selber Anfänger und widme Dr. Ewald Kliemke dieses Gedicht mit dem Titel Güte. Wer seine geistigen Muskeln aufbauen will, findet auf dem Terrain der Güte ideale Trainingsmöglichkeiten. Paulus zählt die Güte ebenfalls zu den Geistesfrüchten (Gal. 5, 22).

## Zu HANNA

Dies ist die Geschichte Hannas, wie es im 2.Buch Samuel 1 bis Samuel 2, 11 beschrieben ist. Es zeigt uns sehr schön die Einstellung zu Kindern damals, in einer angeblich rückständigen Zeit. Kinder bedeuteten einfach ein mehr an Leben. Heute hat man den Eindruck, Kinder bedeuten ein mehr an Last, vor allem an finanzieller. Oder fehlt es heute an Vertrauen in das Leben?

## Zu HEIDENTUM – CHRISTENTUM

Kann man das Heidentum so definieren: Aller Glaube, der sich nicht auf den alleinigen und lebendigen Gott bezieht, gehört ins Heidentum? Im Gedicht habe ich einige solcher Glaubensarten aufgezählt, was sicher nicht vollständig ist. Diese Liste kann jeder für sich ergänzen, so wie er es erfahren oder beobachtet hat. Davon ausgehend, habe ich versucht, eine Brücke zum Glauben an Jesus zu bauen. Die Verheißung im zehnten Vers des Gedichtes ist nachzulesen bei Paulus, 1. Korinther 2, 9: „Was kein Auge gesehen hat und kein Ohr gehört hat und in keines Menschen Herz gekommen ist, was Gott bereitet hat denen, die ihn lieben".

## Zur HOFFNUNG

Hier ist es wieder unser Paulus, der einen auf den ersten Blick etwas merkwürdigen Gang der Hoffnung beschreibt. Ganz im Gegensatz zu den Positivdenkern der Jetztzeit rühmt er sich auch der Trübsale. Was soll das denn? Wer will schon in Trübsal leben? Dies ist nur vom Ziel her zu verstehen, das Paulus anstrebt. Die zukünftige Herrlichkeit. Das ist schon etwas mehr, als normalerweise Positivdenker erreichen wollen. Und darum ist auch ein größerer Anlauf notwendig, der darin besteht, sich von weltlichem Ballast zu trennen. Das wiederum kann eine zeitweilige Trübsal bedeuten. Wird diese Phase mit Geduld durchlebt, ohne wieder zurückzublikken, so entsteht Bewährung. Und Bewährung bringt dann die Hoffnung, die nicht mehr zuschanden wird.
Lassen sie einfach mal auf sich wirken, was Paulus hier beschreibt. Mit wenigen Worten ein kompletter Weg zu Gottes Herrlichkeit. Ob solch ein Weg länger oder kürzer sich hinzieht, hängt von dem ab, der ihn geht. Wie schnell es ihm gelingt, sich vom Weltlichen loszuschälen und wie stark ihn die Hoffnung zieht. Nachzulesen in Römer 5, 2 – 5.

## Zu JA, JA; NEIN, NEIN

Dieser Satz Jesu ist Bestandteil der Bergpredigt (Matth. 5, 37). Er soll uns daran erinnern, als ganzer Mensch ja oder nein zu sagen. Ein bisschen ja und ein bisschen nein führt einfach zu energetischen Konflikten, wovor uns Jesus mit seinem Rat bewahren möchte. Im Gedicht wird vorausgesetzt: Das Herz ist die Energieschaltzentrale. Sage ich mit dem Herzen ja, so wird auch die Energie bereitgestellt, um das Ja mit Leben zu erfüllen. So ist es zumindest vor weit reichenden Entschlüssen, wie z.B. vor einer Eheschließung, von Vorteil, sein Herz zu erforschen.

## Zur KEUSCHHEIT

Der Ausgangspunkt für dieses Gedicht war wieder einmal Paulus. In Galater 5, 22 ist in meiner Bibel auch die Keuschheit als Geistesfrucht aufgezählt. In neueren Bibelübersetzungen steht an dieser Stelle „Selbstbeherrschung". Dies ist mir einfach zu ungenau, das kann alles Mögliche heißen oder auch nicht. Wie in der Einleitung schon erwähnt, bin ich bei der Wortwahl Luthers geblieben. Und so heißt dieses Gedicht „Keuschheit" und meint dies auch. Schwer vorstellbar, dass mich der Begriff Selbstbeherrschung zu einem Gedicht inspiriert hätte. Die letzten Reste althergebrachter Sittlichkeit haben ja unsere so genannten Achtundsechziger, zumindest für sich, über Bord geworfen. Wenigstens in Teilen haben sie etliche Nachahmer gefunden und es ist ihnen gelungen, die alte Ordnung doch gehörig aufzuweichen. Dabei profitierten sie von der Markteinführung der „Pille".
Wer Keuschheit leben will, benötigt heute doch einiges an Widerstandskraft. In etlichen Publikationen wird für allerlei, mit den Geboten Gottes in krassem Widerspruch stehendem, geworben. Da liegen dann vor der Seele die zwei Wege offen:
Sie kann sich den sinnlichen Gelüsten hingeben, dadurch wird sie immer mehr eins mit ihrem Körper und natürlich auch mit dessen Tod.
Oder sie wendet sich dem Geistigen zu und eint sich nach und nach mit dem Gottesgeist und dem Leben.
Eine Zeitlang mag man wohl in beiden Reichen herumlavieren, doch irgendwann ist die Entscheidung fällig. Sonst würden die Kämpfe nicht zu einem Ende kommen. Wer meint, Keuschheit sei unmöglich und gegen die eigene Natur, der betrachte einmal seine Gedanken genauer. Gebe ich sexuellen Gedanken Aufmerksamkeit und nähre ich sie durch entsprechende Lektüre, Filme, Gespräche, Witze usw., so ist Keuschheit natürlich unmöglich. Hier ist anzusetzen und Gottes Ordnung auch in Gedanken und Worten herzustellen. Ist dies geschafft, so wird man feststellen: Keuschheit ist ver-

einbar mit der menschlichen Natur. Sie stärkt den Körper und erfrischt den Geist. Wobei ich das bewusste Zeugen und Empfangen eines Kindes mit Liebeernst selbstverständlich auch der Keuschheit zurechne.

Natürlich gibt es die Anziehung zwischen Mann und Frau. In jüngeren Jahren kann sie eine beachtliche Kraft erreichen. Sie muss aber nicht immer in sexueller Entladung enden. Durch tiefes atmen und sich hinwenden zu seelischen oder geistigen Themen, kann sich die sexuelle Kraft in einen Orgasmus der Heiterkeit verwandeln. Die Anziehung endet nicht mit dem sexuellen Höhe- und Schlusspunkt sondern geht bleibend ins Seelische über, was einer dauerhaften Beziehung sehr zugute kommt. Es sollte nirgends auch nur die geringste Spur von einer Verklemmtheit vorkommen.

Zum Abschluss kommen noch einige Geistesgrößen zu Wort. Sie belegen: Die hier aufgeführten Erkenntnisse sind nicht neu. Sich ihrer zu erinnern, wird nicht schaden. Der berühmte Satz des Ludwig van Beethoven ist wohl allgemein bekannt. Eine Quellenangabe ist mir nicht möglich, da ich nicht mehr weiß, wo ich es gelesen habe. Leider ist im Buchhandel kein Werk des Religionsphilosophen Franz-Xaver von Baader mehr zu bekommen. Ein Trauerspiel, denn er war ein tiefer Denker auf diesem Gebiet. Die Frage, warum der Mensch überhaupt Versuchungen ausgesetzt ist, beantwortete er sinngemäß wie folgt: Der Mensch bekommt dadurch eine Gelegenheit, sich zu bewähren. Dies wäre doch auch eine passende Antwort auf die Ansicht, alles was biologisch möglich ist, hat Gott auch erlaubt! Da der Mensch nicht nur einen stofflichen Körper hat, sondern Seele ist und Träger eines göttlichen Geistfunkens, sind die Dinge schon etwas komplexer zu betrachten. Eine brauchbare Internetseite zu Franz-Xaver von Baader: www.philos-website.de/autoren/baader. Das Morgensternsche Zitat im Gedicht ist dem Band „Vom offenbaren Geheimnis" (Piper-Bücherei) entnommen.

## Zu LEBEN UND TOD

Der biblische Begriff Tod ist wohl ein anderer als er allgemein verstanden wird. Nach Jakobus müsste sonst nach einer vollbrachten
Sünde der Sünder ja tot umfallen. Dies geschieht jedoch höchst
selten, und es will von Jakobus und anderen biblischen Autoren so
auch nicht verstanden sein. Vielmehr geht durch die Sünde jeweils
ein Stück Freiheit oder Leben verloren. Die Wahlmöglichkeiten
werden geringer. Der Spielraum der Seele wird eingeschränkter,
bis er bei fortgesetztem Sündigen nur noch auf den Körper be-
schränkt ist. Dies ist der Tod, aus Sicht der, in der Freiheit des Geistes lebenden, biblischen Autoren. Da sollte uns doch der Weg in
die entgegengesetzte Richtung, hin zu einem erweiterten Freiheits-
und Lebensraum, lieber sein.
Mir ist nun mal kein anderer Weg bekannt als der, über die mosaischen Zehn Gebote und die zwei Gebote der Liebe des Herrn Jesu.
Dieser Weg führt zur Freiheit und zum Leben. Bewährt sich der
Mensch auf diesem Wege, dann wird dies seine Seele bleibend
vergeistigen.

## Zur LIEBE

Der Wert der Liebe wird wohl erst an einem Gegensatz der Liebe
deutlich; So habe ich mit dem Abgrund des Grauens von Friedrich
Nietzsche begonnen. Schade, dass er nicht eine Schlussfolgerung
gezogen hat, wie sie im zweiten Vers des Gedichtes ausgedrückt
ist. Womöglich wäre ihm sein späteres Schicksal erspart geblieben.
Nachfolgende haben es leicht klüger zu sein und so vollziehen wir
die Wende zur Liebe.
Immer wieder Paulus. Wo von Liebe die Rede ist, darf er nicht fehlen. Alles hört einmal auf, nur die Liebe nicht (1. Korinther, 13,8).
Welch ein Wort! Lesenswert ist auch das „Lied der Liebe" von Fried-

rich Hölderlin. Aus dem fünften Vers seines Gedichtes habe ich zwei Zeilen übernommen. Von diesen Zeilen kann ich mich zuweilen gar nicht trennen, so schön sind sie. Und so bringe ich sie dem Hölderlin zu Ehren in meinem Gedicht zur Erinnerung.

Das wichtigste in Sachen Liebe bringt Jesus ein. Die Nächstenliebe. Wobei diese heutzutage allgemein schon so ziemlich akzeptiert wird. Wie sieht es da gegenüber dem eigenen Ehepartner aus? Den Ehemann oder die Ehefrau auch immer zu lieben, ist wohl manchmal nicht so einfach. Es gehört aber trotzdem zur Nächstenliebe! Nur Mut. Wer darin nicht aufgibt, kommt sicher im laufe der Zeit noch zu einer beglückenden Beziehung. Darüber hinaus sind der Liebe keine Grenzen gesetzt.


## Zu LIEBE, CHECKLISTE

Die Sätze des Paulus aus 1. Korinther 13, 4 – 8 sind wohl jedem Christen bekannt. In einem Gedichtband über die Bibel dürfen sie einfach nicht fehlen. Wie viel Verwirrung herrscht nicht in Sachen Liebe. Dabei gibt es diese wunderbare „Checkliste der Liebe" unseres Paulus. Da ist doch wirklich überklar beschrieben, was Liebe ist und was nicht. Welch ein Segen ist uns durch die Bekehrung des Saul zum Paul durch Jesu Eingreifen aus dem Himmel geworden!


## Zu LIEBE UND KEUSCHHEIT

Hier überschneidet sich einiges mit dem Gedicht „Keuschheit". Es hat jedoch eine andere Zielrichtung. Es soll nicht nur den Paaren sondern auch den Kindern zugute kommen. Warum wurde Jesu Geburt vom Himmel aus so sorgfältig vorbereitet? Eine jungfräuliche, gottliebende Mutter ausgewählt? Warum war nur Josef, als der gerechteste Mann in ganz Israel, als sein Nährvater geeignet? Es ist mir nicht bekannt, dass irgendjemand aus diesem Teil des Evangelilums auch für sich eine Lehre und Konsequenz gezogen hat. Für das werdende Kind macht es einen Unterschied, wie es gezeugt wurde. Nicht nur der genetische Code wird weitergegeben. Auch die Gedanken, die ganze Geisteshaltung der Eltern haben Einfluss auf das werdende Kind.

In den zurückliegenden Jahren und Jahrzehnten wurde viel über Sexualität und Erotik geforscht und viele Bücher darüber geschrieben. In dieser Hinsicht sind wir aufgeklärt bis in die Knochen und die Paare haben sich manches davon zu Eigen gemacht. Die Sexualität in möglichst vielen Varianten auszuleben, wurde beinahe schon zur Pflicht erhoben. Doch zum Eheglück scheint dies nichts beigetragen zu haben, wie die steigenden Scheidungsraten belegen. Wobei viele sich ihrer Beziehung trotz reichlichem Sex so unsicher sind, dass sie sich gar nicht erst zu heiraten getrauen.

Dies Gedicht bietet ihnen den Ansatz eines Kontrastprogramms dazu. Nachdem sie wahrscheinlich in der Sexualität vieles kennen gelernt haben, erforschen sie doch einmal die Möglichkeiten der Keuschheit. Nicht zurückgezogen im Kloster oder als frustrierter Single, sondern mitten in ihrer Paarbeziehung. Wobei der Schwerpunkt auf Liebe und dann erst auf Keuschheit zu legen ist. Denn Keuschheit gewinnt erst einen Wert, wenn sie als Nahrung für die Liebe dient.

Nun noch die Sache mit dem Ehebruch, der so genannte „Seitensprung" wird ja gerade gesellschaftsfähig. Ist das alles wirklich so harmlos? Man gönnt sich doch nur eine kleine Abwechslung vom ach so 08/15 geschehen im heimischen Bett. Doch ich liebe den Ehepartner nicht mehr ganz, ein Riss im Gebäude der Ehe bleibt. Kommen weitere Risse hinzu, besteht Einsturzgefahr.

Meinen Sie nicht auch, dass eine Welt ohne Ehebruch heller, leidfreier wäre? Sie denken, dass würde mit Langeweile und Frust erkauft? Ich bin nicht kompetent genug, einen Eheratgeber zu schreiben. Nur soviel: Unser Zusammenleben als Mann und Frau ist wichtig, auch wenn es nicht ohne Schwierigkeiten abgeht. Und das nicht nur wegen der Kinder, sondern wegen uns selbst. Wir Menschen sind nicht die Höchste Stufe der Entwicklung, das sind wir nur auf dieser Erde. Über uns stehen die Engel. Und ein Engel ist nicht nur Mann oder Frau, er ist beides in einer Person. Was ihm unter anderem die ewige Jugend sichert. Unsere Ehen sind geeignete Wege, uns auf ein solch höheres Leben vorzubereiten. Per Ehebruch umgehen wir unser Training in Sachen Liebe und kommen so mit unserer Entwicklung nicht weiter. Unsere Probleme bleiben ungelöst. Irgendwann bekommen wir die gleichen Aufgaben wieder vorgesetzt (weil es in Wirklichkeit unsere eigenen Probleme sind), vor denen wir jetzt aus der Ehe flüchten wollen. Da die Probleme sowieso gelöst werden müssen, können wir das auch gleich in unserer jetzigen Ehe tun.

Ein Weiser sagte einmal: „Der Wert der Ehe beginnt, wenn der Honig verbraucht und man bei der Galle angelangt ist." Ein wahres Wort, doch wir haben die Wahl, auf der liebevollen Seite der Ehe zu bleiben und unsere Lektionen ohne bittere Galle zu lernen. Wobei ihnen mein bescheidenes Gedicht ein wenig Hilfe sein möchte.

## Zu MOSES

Diese Verse folgen im Wesentlichen dem 2. Buch Mose. Dieser Mann hat eine unglaubliche Lebensleistung vollbracht. Zuerst für sein Volk. Er hat sich mit dem Pharao auseinandergesetzt, um sein Volk freizubekommen. Dies war sicher nach heutigem Sprachgebrauch stressig. Kaum war die Freiheit des Volkes Israel errungen, tat sich eine neue Zwickmühle auf. Auf der einen Seite die Probleme, ein mitunter recht eigenwilliges Volk zu führen. Auf der anderen Seite Gottes Gebote und Rechtsverordnungen, die Moses im Volk einzuführen hatte. Immer wieder die Gespräche mit Gott selbst und dann wieder die schwierige Leitung eines oft murrenden Volkes. Das alles während einer vierzigjährigen Wanderschaft durch unfruchtbare Wüsten. Hin und wieder Begegnungen mit feindlich gesinnten Völkern. Wenn das nicht Stress pur ist, was ist dann Stress?

Moses hat all diesen Anforderungen Standgehalten und dabei unermüdlich die Sache Gottes beim Volk vertreten. Und die Angelegenheiten des Volkes bei Gott. Daneben fand er noch Zeit, tiefgeistige Erkenntnisse niederzuschreiben. Durch Moses konnte Gott den Geist der Ordnung im Menschen ansprechen. Eine Grundlage schaffen, auf der eine geistige Entwicklung der Menschen möglich wurde. Bis dahin war ja die Willkür der jeweils Herrschenden Gesetz. Unter Willkürgesetzen ist es schwer, die Seele zu veredeln. Man denke nur daran, wie viele an sich harmlose Menschen schuldig geworden sind, weil sie die Willkürgesetze im dritten Reich ausführten.

So hat denn Gott durch Moses Grundlagenarbeit geleistet. Frei von Fehlern eines kurzsichtigen menschlichen Herrschers. Von Gott auf das Heil der Menschen zugeschnitten. Dies war in der damaligen Zeit der oft despotischen Herrscher ein gewaltiger Fortschritt.

Der Kern der mosaischen Lehre, die zehn Gebote, wurde von Jesus bestätigt. Und ging damit in die christliche Lehre ein. So konnten die mosaischen Gebote weit über das Judentum hinaus Segen stiften. Bis in unsere Zeit hinein und wohl nach lange darüber hinaus. Dies alles war mir Anlass genug, dem Propheten Moses und seinem Gott durch meine bescheidenen Verse Anerkennung und Dank abzustatten.


## Zu NIEMAND KOMMT ZUM VATER DENN DURCH MICH

Diese Aussage Jesu ist nachzulesen bei Johannes, 14, 6. Meine bitte an Sie, lieber Leser: Lesen Sie es mit dem Herzen, aus dem Herzen ist es geschrieben und ich kann keinen Verstandeskommentar dazu schreiben. Meine Empfehlung: Dies Gedicht, besonders der letzte Vers, eignet sich gut für eine stille Zeit bzw. eine Meditation.

## Zur ORDNUNG

Hier habe ich mich mit dem Leser erst einmal im Garten verabredet. Nicht gerade geleckt, mein Garten. Die Wege sind wohl freigemäht, ebenso ein kleines Stück Rasen als Liegewiese. Die restlichen Grasflächen werden zwei- bis dreimal im Jahr mit der Sense gemäht. Auch in den Gemüsebeeten darf mehr wachsen als nur Gemüse. Da gibt es Ringelblumen, Königskerzen, Weidenröschen und was sonst noch so alles von allein wächst. Auch durch den Vorgarten führt nur ein freigemähter Weg, ansonsten herrscht auch da ziemliche Wildnis. Seit ich einige Bücher von Reinhard Witt über Wildgärten gelesen habe (BLV Verlagsgesellschaft mbH), hat sich auch mein schlechtes Gewissen beruhigt. Seither weis ich: Mein Garten ist nicht unordentlich sondern hat eine andere Art von Ordnung. Bei Neupflanzungen von Bäumen, Sträuchern und Stauden bevorzuge ich heimische Wildpflanzen, wie sie auch in der Natur vorkommen. Mit denen kann auch die heimische Tierwelt, vor allem die Insekten, etwas anfangen. Leben auf allen Ebenen!

Ein zentraler Ordnungsfaktor, auf der menschlichen Ebene, sind die Zehn Gebote des Moses. Werden sie beachtet, kommt doch eine gewisse Grundordnung in das menschliche Zusammenleben hinein. Wovon alle Beteiligten nur profitieren können. Und dann gibt es noch die Ordnung der Gefühle. Hört man genau hin, bestätigen sie in der Regel die mosaischen Gebote und lassen sie lebendig werden.
Auch die Liebe sollte nicht auf die Ordnung verzichten. Doch dazu gibt es ein eigenes Gedicht.


## Zu ORDNUNG UND LIEBE

Wo immer es zu einem engen Miteinander von Ordnung und Liebe kommt, wird ein bleibendes Glück entstehen. Ordnung gibt der sich gern verströmenden Liebe Halt und Dauer. Dringt Liebe in die Strukturen der Ordnung ein, so wird die Ordnung vor Erstarrung bewahrt, mit sprudelndem Leben erfüllt und ständig erneuert und verjüngt. Ein Idealzustand. Wohl niemand hat die Verbindung von Ordnung und Liebe so gekonnt vorgelebt wie Jesus. Ich habe nichts gefunden, wo er jemals gegen diese beiden Grundsätze gehandelt oder gesprochen hätte.

Durch Mose ist die Ordnung zu den Menschen gekommen. Da wurde Grund gelegt. Das war mit gewissen Härten verbunden. Die Strafen für Übertreter waren drastisch. Auf Ehebruch stand z. B. die Steinigung. So konnte man wohl abschrecken, doch um eine Seele zu vollenden, reichte die Ordnung allein nicht aus. Als die Ordnung des Moses ihre Vorarbeit geleistet hatte, kam Jesus und ergänzte die Ordnung mit Liebe. Über dieses Thema kann man gar nicht genug nachdenken.


## Zu ORDNUNG UND SCHÖPFUNG

Dieses Gedicht basiert auf außerbiblischen Quellen. In der religiösen Literatur ist mitunter vom Fall der Geister die Rede. So z.B. in der „Haushaltung Gottes" von Jakob Lorber. Faszinierend ist daran der Zeitraum. Es beginnt vor aller materiellen Schöpfung mit der Erschaffung der Geister und dem Fall von einem Teil der Geister, unter ihrem Führer Luzifer. Zumindest hat mich dieses dramatische Ereignis zu einem kurzen Gedicht inspiriert, das einen langen Zeitraum von etlichen Milliarden unserer Sonnenjahre umfasst. So leicht ist der Fall der Geister nicht rückgängig zu machen und in diesem Prozess stehen wir immer noch. Es hat auf alle Fälle Gottes Einfallsreichtum und Schöpferkraft herausgefordert, und es tut dies immer noch.

## Zu DIE ANVERTRAUTEN PFUNDE

Dieses Gleichnis Jesu ist nachzulesen bei Lukas 19, 11 – 26 und Matth. 25, 14 - 30. Der Herr sieht wohl in unserer Trägheit das größte aller Übel. Durch die Trägheit können wir auch das wieder verlieren, was wir schon einmal besessen hatten. Durch dieses Gleichnis fordert Jesus uns mit allem Ernst und konsequent zum Handeln auf. Liebe Gott und liebe deinen Nächsten. Eine Erwerbstätigkeit für sich und die Seinen ist notwendig. Darüber hinaus suche sich ein jeder auch ein Tätigkeitsgebiet nach dem Evangelium! Irgendein Talent (Pfund), mit dem er seinen Mitmenschen dienen kann, wird wohl ein jeder Mensch mitbekommen haben. Natürlich gilt es, das in der Anlage vorhandene Talent so gut wie möglich auszubilden, um anschließend mit allem Fleiße damit tätig zu sein. Dann können dem König, bei seiner Rückkehr (Jesu Wiederkunft), die mit seinem Startvermögen erwirtschafteten Erträge (die Folgen der guten Taten) vorgewiesen werden. Dieses Gleichnis Jesu sollte jedem, der es liest, besonders zu Herzen gehen und ihn zum handeln anstoßen.

Wir sollen es vermeiden, immer wieder nichts zu tun, z.B. aus Angst vor Fehlern. Hierin steckt eine gefährliche Falle, denn jedes noch so unvollkommene Tun ist immer noch haushoch besser als gar nichts zu tun. Über diese Falle bin ich in früheren Jahren leider oft gestolpert. Meine praktischen Fähigkeiten hielten mit meinen Erkenntnissen nicht Schritt und so tat ich sicherheitshalber gar nichts. Nach dem Motto: Wer nichts tut kann auch keine Fehler machen. Heute denke ich anders und handle im Bewusstsein, dass mein Tun noch lange nicht vollkommen ist. Aber immerhin – es bringt schon Verbesserungen, und schließlich lernt man am besten beim Tun. So wird auch das Handeln nach und nach wirksamer. (Wen es interessiert: Ich betreibe eine kleine Hobbypraxis für Kinesiologie und Coaching).

Im gleichen Sinne schreibe ich auch dieses Buch. Es enthält den derzeitigen Stand meiner Erkenntnisse. Ich behaupte nicht, dass alles schon vollkommen ist. Doch wenn ich mich in den Buchhandlungen umschaue, was da so alles geschrieben ist, denke ich: So verkehrt ist das, was ich da gerade dichte und schreibe, auch wieder nicht. Und das macht mir Mut, meine Sachen auch zu veröffentlichen. Womöglich bringt es doch dem einen oder anderen einen Nutzen. Vor allem christliche Literatur ist in vielen Buchhandlungen doch recht schwach vertreten. Und so hoffe ich, dass dieser Band den Weg in die Regale der Buchhandlungen und von dort natürlich auch den Weg zu seinen Lesern findet.

## Zu RICHTET NICHT

„Richtet nicht, auf dass ihr nicht gerichtet werdet", Matth. 7, 1. Da sage noch einer, nach dem Evangelium zu leben sei im praktischen Leben nicht möglich.
Dieser Satz Jesu verlangt wirklich nicht viel von uns. Wir müssen einfach nur liebloses Kritisieren oder gar Verlästern unserer Mitmenschen sein lassen. Ist das so schwer? Bringe ich das auf die Reihe, so wird auch Gott mich nicht richten. Dies ist Jesu große Verheißung für ein wenig Selbstdisziplin.

Jakobus hat in seinem Brief Richten und Verlästern gleichgesetzt (Jakobus 4, 11 +12). Der Hintergrund wird wohl wieder im Gottesgeist zu suchen sein, der in jedem Menschen wirkt: Dieser Gottesgeist arbeitet ständig an der Veredelung der Menschenseele. Liebloses Kritisieren oder Lästern arbeitet dem entgegen, die Seele wird verletzt und geschwächt. Somit steht solches Tun im Gegensatz zu den Bemühungen des Gottesgeistes im Menschen. Besser wird es allemal sein, die Bemühungen des Gottesgeistes zu unterstützen. Indem wir Mut zusprechen, indem wir helfen, wo seine Kräfte nicht ausreichen, indem wir segnen.

## Zur SANFTMUT

Das Gedicht beginnt wieder mit Paulus, Galater 5, 22. Die Sanftmut als Geistesfrucht. Es geht dann weiter zur Bergpredigt. „Selig sind die Sanftmütigen; denn sie werden das Erdreich besitzen", Matth. 5, 5. Also hat Sanftmut nichts mit Schwäche zu tun. Ihr wird die Verfügung über das Erdreich zugesprochen. Dazu wird wohl hinreichend Kraft vonnöten sein.
Ich gebe zu: Sich auf die Sanftmut zu stützen, um seine Ziele zu erreichen, erfordert Mut, Geduld und Gottvertrauen. Dafür kann man davon ausgehen: Auf diese Weise Erreichtes wird von Gott selbst gesichert. Im Gegensatz zu dem, was mit Gewalt genommen wurde.

Das Gedicht wurde während einer Zeit reichlicher Selbstmordanschläge in Israel geschrieben (Frühjahr 2004). Mit den dann folgenden Vergeltungsaktionen. Von Sanftmut auf beiden Seiten keine Spur. Und doch wird dies der einzig Erfolg versprechende Weg sein, um dort zu einem Frieden zu kommen. Zumindest in den Herzen damit beginnen. Selbst wenn man der Ansicht ist, im Äußeren noch kämpfen zu müssen. Da kann man aus der Ferne keinen Rat erteilen. Was jedoch immer getan werden kann: Im Herzen Hass und Rachsucht tilgen. Und sich klarmachen: Auch die Anderen sind von Gott erschaffen und haben ein Recht auf unversehrtes Leben. Würden solche Einstellungen mit Geduld auf beiden Seiten gepflegt, würde zwangsläufig auch im Äußeren Friede einkehren.
Solange an diesem Punkt nicht angesetzt wird, wird es die so genannte Friedenspolitik schwer haben.


## Zur VERGEBUNG

Die Erziehung des Gottesvolkes begann nicht mit der Lehre der Vergebung, sondern es wurde von Gott selbst Vergeltung befohlen

(3. Mose, 24, 20). Ist womöglich erst einmal ein Rechtsbewusstsein aufzubauen, bevor zur Vergebung weiter geschritten werden kann? Zu Jesu Zeiten muss es dann soweit gewesen sein. Jesus legte uns ans Herz Vergebung zu üben und er klärte uns über die Folgen von Vergeben und Nichtvergeben auf. Er zeigte uns, welche Folgen unser Verhalten, aufgrund einer geistigen Ordnung, beim göttlichen Verhalten auslöst: Vergibst du deinen Mitmenschen ihre Übertretungen, so wird dir dein himmlischer Vater auch vergeben. Wenn du aber den Menschen nicht vergibst, so wird dir dein himmlischer Vater deine Übertretungen auch nicht vergeben (nach Matth. 6, 14 + 15). Hier wird wieder deutlich, wie sehr Gott die Freiheit des Menschen am Herzen liegt. Du kannst vergeben oder auch nicht. Die Entscheidung liegt bei dir. Und ich, dein Gott, werde mich nach deiner Entscheidung richten. So oder so.

Wer die Zusammenhänge durchblickt, wird wohl die Variante der Vergebung wählen. So heimst er gleichzeitig die Vergebung Gottes ein und erspart sich damit manches Unangenehme. Wer die Sache mit der Vergebung noch nicht einsieht und auf Vergeltung beharrt, bekommt sein Recht. Nur muss er es sich dann auch gefallen lassen, von Gott auch nach Recht und Gesetz behandelt zu werden. Ob das immer so angenehm ablaufen wird? Nun, einige solcher Kuren werden ihn doch hoffentlich auch von den Vorteilen des Vergebens überzeugen.

Dazu gibt es eine interessante wissenschaftliche Erfahrung. Aus der emotionalen Kinesiologie wissen wir: *Nicht vergeben* mindert die Energie des Herzmeridians. Entschließt sich derjenige dann zu vergeben, steigt die Energie sofort wieder an. Auch daran kann wieder abgelesen werden: Jesu Vorschläge sind auf unser Heil berechnet.

## Zum VERSTEHEN

Verstehen ist die Geisteskraft, die unseren Willen leiten sollte (Catherine Ponder, Heilungsgeheimnisse der Jahrhunderte). Gerade die biblischen Schriften bedürfen des Verstehens. Man lese dazu Lukas 24, 45: „Da öffnete er ihnen das Verständnis, dass sie die Schrift verstanden". Werden die heiligen Schriften gleich welcher Religion ohne Verständnis angewendet, so entsteht viel Unheil. Studiert man nur ein weniges aus der Religionsgeschichte, wird einem dieses schnell klar werden. Um also Nutzen und Segen aus den Schriften zu ziehen, ist es notwendig, sie zu verstehen. Wie wichtig Jesu das Verstehen nahm, zeigt seine Frage an die Jünger: „Habt ihr das alles verstanden?" (Matth. 13, 51). Daraus geht doch überklar hervor: Beschäftigt euch mit meiner Lehre, damit ihr nach und nach immer mehr davon versteht. Wir brauchen auch keine Angst zu haben, mit dem Verstehen einmal fertig zu sein. Gottes Wort ist wie Gott selbst nicht ausschöpfbar. Das heißt, es wird immer möglich sein, eine Sache noch tiefer zu verstehen. Auch Paulus trägt natürlich etwas bei, „werdet nicht Kinder, wenn es zu verstehen gilt", 1. Korinther 14, 20. Die Schrift zu verstehen kann durch nichts ersetzt werden. Ein Fortschritt in der Vergeistigung der Seele wird mit einem immer tieferen Verstehen einhergehen. Man sehe doch einmal die Vorteile: Wer sich um Verstehen bemüht, kann in keine Langeweile kommen. Weil es kein endgültiges Verstehen gibt.

## Zu WILLE

„Denn was der Mensch sät, das wird er ernten" (Galater 6, 7) Damit ist viel gesagt. Im Willen sind wir frei. Doch wir müssen uns die Folgen unseres Wollens gefallen lassen. So werden Gotteskinder in völliger Freiheit erzogen. Je mehr ein tiefes Verstehen unseren Willen leitet, umso erfreulicher wird die Ernte sein. Manches Unangenehme kann uns erspart bleiben, wenn wir von Erfahrungen anderer lernen. Z.B. von den Erfahrungen unserer Eltern. Dies kann ein Sinn des vierten Gebotes sein. Nehme ich Anteil am Leben meiner Mitmenschen, so kann deren Erfahrung auch auf mich übergehen. Ich muss nicht alle Erfahrungen selber machen, insbesondere nicht die schmerzhaften. Und kann dadurch meinen Willen immer klüger einsetzen.

„Darum seid klug wie die Schlangen und ohne Falsch wie die Tauben" (Matth. 10, 16). Wem es ernst ist mit seinem geistigen Leben, der wird seinen Willen nach dem Willen Gottes ausrichten. Auf diese Weise kann der eigene Wille eins werden mit dem Willen Gottes. Womit der menschliche Wille sein Ziel erreicht hat. Der Wille Gottes ist in den Zehn Geboten (durch Moses offenbart) und in den zwei Geboten der Liebe von Jesus enthalten.


## Zu DAS WORT

Unser Dichter Goethe mochte dem Wort nicht die gleiche Bedeutung zugestehen wie der Evangelist Johannes. „Im Anfang war das Wort" (Joh. 1, 1) interpretierte Goethe um in „Im Anfang war die Tat" (Goethe, Faust). Ich persönlich habe kein Problem damit. Spricht Gott sein allmächtiges Schöpferwort, so ist dies wohl auch eine äußerst kraftvolle Tat. Und so wollen wir nun untersuchen wie es sich mit dem Wort verhält. Wahr ist: Durch die Inflation der Worte in unserer Zeit wird dem Wort keine besondere Beachtung geschenkt. Man traut ihm auch keine besonderen Fähigkeiten zu, wie z.B. die Fähigkeit, eine Welt zu erschaffen. Doch wir sollten unterscheiden. Es kommt darauf an, wer das Wort spricht. Gottes Worte sind eine vollendete Tat. Doch auch wir sind nach dem Bilde Gottes geschaffen (1. Mose 1, 26). Somit haben auch wir als Anlage die Kraft des Wortes mitbekommen. Es empfiehlt sich daher, sorgsam mit unserem Wort umzugehen. Es hat die Tendenz zur Verwirklichung.

Am klarsten über das Wort hat sich wohl der Apostel Jakobus aus-gelassen. Man lese Jakobus 3, 1 – 12. Wer auch im Wort nicht fehlt, ist ein vollkommener Mann oder eine vollkommene Frau .... Das Wort als Ruder zu betrachten, mit dem wir unser Lebensschiff lenken ... Am Beispiel des Wortes sehen wir überklar: Es gibt keine Trennung zwischen Religion und weltlichem Leben. Jedes unserer Worte ist beides. Denn es wirkt auf beiden Ebenen zugleich. Die Ruderblattfunktion des Wortes! Mich daran zu erinnern, hilft mir, wenn mein Leben mal wieder Lust- und Orientierungslos dahin glei-tet oder trudelt. Dann wird mir klar: Ich habe das Ruder losgelas-sen. Das Schiff dümpelt ziellos dahin, oder treibt einem Abgrund zu. Also schnell wieder ins Ruder (Wort) gegriffen und dem Schiff Richtung gegeben. Sie können sich nicht vorstellen, dass das funk-tioniert? Probieren sie es aus. Sie können mir auch gerne das Er-gebnis mitteilen.